KB134427

사회생활
나라면 어떻게 할까?

사회생활

나라면 어떻게 할까?

초등인성수업3

박형빈 지음

한ㄱ

건강한 사회생활을 위한
30편의 도덕 여행

고대 그리스의 철학자 아리스토텔레스는 "인간은 사회적 동물이다"라고 했습니다. 사회는 우리가 살아가는 대표적인 집단 생활 영역입니다. 우리는 사회적 존재이므로 다른 사람과 더불어 살기 위해 이들과 원만한 인간관계를 형성할 필요가 있습니다. 여기서 사회적 존재란 혼자서 살 수 없고 사회 안에서 다른 사람과 관계를 맺는 일이 필요한 존재라는 뜻입니다.

개인과 개인이 함께하기 위해 필요한 것이 도덕과 윤리입니다. 이것을 준수하지 않는다면 사회의 존속(어떠한 대상이 그대로 있거나 현상이 계속됨)은 불투명해집니다. 우리는 어떻게 도덕적인 존재로 성장할 수 있을까요? 도덕적인 개인과 사회를 만들기 위해 우리는 무엇을 노력해야 할까요?

윤리학자이자 신학자인 라인홀드 니버Reinhold Niebuhr는 『도덕적 인간과 비도덕적 사회Moral Man and Immoral Society: A Study in Ethics and Politics』라는 저서에서 도덕성이 개인으로서의 인간들 사이에서는 비교적 잘 드러날 수 있으나 집단으로서의 사회에서는 잘 나타나기 어렵다고 주장했습니다. 개인이 도덕적으로 선해진다고 해서 사회의 문제가 자동적으로 해결되거나 사회 자체가 도덕적이 되는 것은 아니라고 지적했습니다.

그의 견해는 여러분이 개인의 도덕성 발달뿐만 아니라 우리가 구성하고 있는 사회의 도덕성 형성에도 관심을 기울일 것을 촉구(재촉하고 요구함)합니다.

더구나 인간이 다른 사람의 필요보다는 자신의 필요를 더 절실하게 생각하는 이기적인 존재라는 점에서, 개인과 사회의 도덕성을 어떻게 북돋을지 고민해야 합니다. 이 문제는 개인 윤리와 사회 윤리를 모두 필요로 합니다.

개인 윤리는 행동의 원인을 개인의 양심, 인격, 심성, 도덕성, 윤리의식에서 찾고자 합니다. 반면에 사회 윤리는 사회 문제의 근원을 행동의 원인에 더하여 사회의 구조, 제도, 정책, 시스템에서 발견하고자 합니다. 이 때문에 사회 윤리 문제를 해결하기 위해서는 개개인의 도덕적 인격뿐만 아니라 사회의 구조, 제도, 정책, 시스템이 잘 마련되어야 합니다.

이 책은 바로 이러한 시각에서 사회생활을 보고 있으며, 개인 윤리와 사회 윤리를 종합적인 관점에서 다루고자 했습니다. 여러분은 각각의 에피소드를 접하면서 그동안 생각하지 않았던 개인으로서의 나, 사회구성원으로서의 나 그리고 개개인이 모인 사회 자체의 도덕에 대해 숙고(자세하게 생각함)하는 기회를 얻게 될 것입니다.

인간은 자신이 아닌 다른 사람의 이야기, 즉 나로부터 차츰 사회로 관계의 영역을 확장할수록 타인에 대해 피상적(겉으로 보이는 모습이나 현상에만 관계하는 것)으로 접근하는 경향이 있습니다. 다시 말해 나의 일이나 가족의 문제는 즉각적으로 공감할 수 있지만, 이것이 남의 일이 될수록 공감의 깊이가 점점 옅어집니다.

이러한 점을 감안하여, 사회생활을 다룬 이 책에서는 여러 문제를 자신으로부터 가족, 친구, 친족, 이웃, 사회, 국가, 세계 시민으로 확장하여 생각해 볼 수 있도록 구성하였습니다. 등장인물의 입장을 상세히 묘사함으로써 도덕적 상상을 통해 각 삶의 맥락(서로 이어진 관계나 연관)을 세심히 숙고하고 느끼도록 하였습니다.

여러분은 이 책을 통해 개인적 문제를 바라보는 시각으로 일상에서 접하는 다양한 사회적 문제를 고민해 볼 기회를 얻을 것입니다. 이를 위해 내용을 구성할 때 다음 세 가지에 중점을 두었습니다. 첫째, 이기심을 극복하고 배려 관계를 확장하여 개인의 도덕성 키우기, 둘째, 정의로운 사회를 만들기 위해 필요한 사회 구조와 실질적으로 문제를 해결할 시스템 확충의 필요성, 셋째, 사회 전반적인 시민의식과 연대의 중요성 강조입니다.

이 책은 실제 사례를 바탕으로 한 가상의 이야기 속 주인공들이 사회생활에서 겪는 갈등과 고민의 순간을 재구성하였습니다. 여러분은 책을 읽는 동안 이들과 함께 자신의 언행에 잘못이나 부족함은 없는지 생각하고, 느끼고, 경험하게 될 것입니다. 또 한편으로는 사회를 구조적으로 바라보게 될 것입니다.

등장인물들의 대화, 의사소통 과정, 기분 그리고 처한 상황에 중점을 두고 곱씹으며 읽기를 바랍니다. 또한 사회생활에서 지켜야 할 최소한의 예의범절을 다루었기에 구체적인 생활지침도 얻을 수 있을 것입니다.

사회생활에서는 '도덕적 상상'을 바탕으로 '현명한 결정'을 함으로써 도덕성을 높이도록, 그리고 '사회 문제를 다각적으로 고민'하도록 내용을 구성하였습니다. 여러분은 이 책을 읽거나 들음으로써 도덕적 상상력, 문학적 상상력, 서사적 상상력, 창의적 사고, 리터러시, 추론 능력, 바람직한 의사결정 및 의사소통 역량, 공감 능력 등을 키우게 될 것입니다. 특히 여러분 자신을 둘러싼 사회에 대해 숙고하고 성찰(자신의 마음을 살피고 반성함)하게 될 것입니다.

눈으로 읽고, 또 소리 내어 읽으면서 각 에피소드에 담긴 풍성한 생각거리를 보물찾기처럼 찾아내기를 바랍니다. 이러한 과정에서 여러분은 더욱 지혜롭고 현명하며 용기 있는 인격체로 성장하게 될 것입니다. 우리는 하나하나가 이 사회의 구성원입니다. 그래서 우리가 변화하면 곧 우리 사회를 변화시킬 수 있습니다.

부모님과 선생님은 이 책을 통해 그동안 아이들, 학생들과 미처 나누지 못했던, 그러나 소중하고 꼭 필요한 사회 윤리 주제들을 함께 다루는 기회로 삼기를 바랍니다. 아이들은 부모님, 선생님과 이야기를 나누고 건설적(좋은 방향으로 이끌어 가는)인 논쟁을 함께 진행하면서 보다 성숙한 사회 구성원으로 성장할 것입니다.

이 책은 크게 세 부분으로 구성되었습니다. 도덕적 딜레마 상황이 흥미진진한 스토리로 구성된 [에피소드], 생각 및 토론 거리를 던져 줄 [함께 생각해 봐요], 함께 이 책을 읽을 어른들에게 보내는 가이드인 [함께 읽는 어른들에게]가 제시되어 있습니다.

- '에피소드'는 여러분이 사회에서 흔히 경험했거나 경험할 수 있는 삶의 현장을 글로 보여 줄 것입니다. 이야기를 통해 여러분의 삶에 대한 경험을 늘리고, 생각이 자라도록 할 것입니다.
- '함께 생각해 봐요'는 스스로 사고하고 판단하여 올바르게 행동하도록 도울 것입니다. 여러분이 매일 마주하는 삶의 순간에 어떠한 기준을 가지고 결단해야 하는가를 끊임없이 고민하도록 할 것입니

다. 이러한 성찰은 더욱 사려 깊고, 배려하며, 지혜롭고, 현명한 인격체로 성장하는 견인차 역할을 할 것입니다.

- '함께 읽는 어른들에게'는 이 책을 함께 읽는 어른들이 꼭 염두에 두었으면 하는 내용입니다. 각각의 이야기에 관해 학생 및 자녀와 함께 이야기 나눌 때 저자가 권고한 내용을 활용하길 바랍니다.

　본 책에 구성된 사연과 질문들은 독자의 성장에 따라 접할 때마다 깊이가 다르게 느껴질 것입니다. 그것 자체가 여러분의 도덕적 판단과 도덕성을 고양하는 과정이 될 것입니다. 이 책을 거듭 읽음으로써 여러분이 사고의 폭을 넓히고 마음의 그릇을 키워가기를 바랍니다. 더불어 이 책이 우리 공동체가 좋은 사회로 발전하는 기초가 되기를 바랍니다.

　끝으로, 이 책의 편집과 출판에 노고를 아끼지 않은 한언출판사에 감사의 뜻을 전합니다.

박형빈

차례

머리말 건강한 사회생활을 위한 30편의 도덕 여행

에피소드 01 에스컬레이터에서는 오른쪽에 서야지
  : 공공 시설물에서의 예절 ⋯⋯⋯⋯⋯⋯⋯⋯⋯ 019

에피소드 02 문 잡고 서 있지 말고 얼른 나가!
  : 타인의 배려를 이용하는 사람들 ⋯⋯⋯⋯⋯ 027

에피소드 03 쌓인 메시지 읽는 게 숙제처럼 느껴져⋯
  : 스마트폰의 족쇄 ⋯⋯⋯⋯⋯⋯⋯⋯⋯⋯⋯ 035

에피소드 04 쟤는 언제부터 친했다고 끼어들어?
  : 친구에 대한 독점욕 ⋯⋯⋯⋯⋯⋯⋯⋯⋯⋯ 041

에피소드 05 축구를 하는 게 아니라 화내는 것처럼 보여
  : 승패 집착과 통제력의 상관관계 ⋯⋯⋯⋯⋯ 050

에피소드 06 남는 거 너 줄게. 이런⋯ 남은 게 없네?
  : 사적 복수의 정당성 여부 ⋯⋯⋯⋯⋯⋯⋯⋯ 058

에피소드 07 아무 메일이나 만들어서 놀아 볼까?
  : 가상공간의 허와 실 ⋯⋯⋯⋯⋯⋯⋯⋯⋯⋯ 066

에피소드 08 AI가 그런 것도 모르다니, 멍청하기는!

: 인공지능과 인격적 상호작용의 필요성 —— 075

에피소드 09 고양이들한테 밥 주지 말라고 했잖아요

: 이해관계의 충돌　082

에피소드 10 우리 개는 안 물어요!

: 이중잣대　089

에피소드 11 아래층에서 시끄럽다고 민원이 들어왔는데요?

: 층간소음 문제　097

에피소드 12 이렇게 남에 대한 배려가 없어서야!

: 민폐에 대한 올바른 대응　105

에피소드 13 가난해도 애들이 잘 컸으니 감사하지

: 생활 환경과 감사하는 마음　114

에피소드 14 다들 자유를 지키려고 열심히 싸우고 있어

: 세계 시민으로의 성장　122

에피소드 15 너희 나라를 왜 우리나라가 도와줘야 해?

: 전쟁과 평화　131

에피소드 16 가사가 지나치게 자극적이지 않아?

:1인 미디어 시대에 가져야 할 사회적 책임감　139

에피소드 17 엄마가 모니터 속에 있어?

: 인공지능 기술 발달과 윤리적 문제들　145

에피소드 18 접수 먼저 하고 줄 서셔야죠!

: 사회를 원활하게 돌게 하는 규칙들 ———— 154

에피소드 19 부모 부양하는데 혜택도 없어?

: 효라는 이름의 부양 의무와 사회적 부양의 분담 162

에피소드 20 그런데 진짜 타도 돼?

: 교통 약자에 대한 배려 ———————— 171

에피소드 21 저도 임산부예요

: 지하철 배려석 제도의 필요성 —————— 177

에피소드 22 개는 못 들어와요!

: 특수 목적견과 장애인복지법 —————— 185

에피소드 23 지금 우리한테 빨리 건너라는 건가?

: 보행자의 안전과 도로교통법 —————— 194

에피소드 24 나무만 많이 심으면 되는 거 아니에요?

: 자연 보호와 개발 사이의 균형 찾기 ———— 202

에피소드 25 짐승들이야 알아서 먹고살겠지!

: 생태계를 위한 배려와 자연공원법 ———— 211

에피소드 26 버리는 음식물이 너무 많아서 그런가 봐

: 도덕적 창의력이 필요한 이유 —————— 220

에피소드 27 제 독후감이 삭제된 건 어떻게 해요?

: 학교 폭력의 범위와 사회 정의 ————— 229

에피소드 28 너 친구가 없니?

： 형태가 없는 폭력에 대한 대처 ———— **237**

에피소드 29 제가 분명히 봤어요, 선생님

： 윤리적 연대와 나쁜 연대 ———— **245**

에피소드 30 이게 반성문이야?

： 진정한 반성과 올바른 사과 방법 ———— **254**

에피소드와 연계된 덕목 및 역량

덕목·역량＼에피소드	1	2	3	4	5	6	7	8	9	10	11	12	13	14	15
지혜							○								○
배려	○								○		○	○			
정의				○					○	○		○		○	○
공정										○				○	
예절	○	○					○				○	○			
평등									○						
친절	○														
정직															
양심												○			
형평성				○								○			
주체성							○						○		○
편향 극복									○	○		○		○	
상황 판단	○					○	○		○	○	○				○
리터러시							○		○					○	○
의사 결정							○		○		○				
의사 소통										○		○			
자기 조절			○	○		○			○			○			
조망수용				○		○				○		○			
비이기성		○		○						○	○	○			○
도덕 판단						○				○					

덕목·역량 \ 에피소드	16	17	18	19	20	21	22	23	24	25	26	27	28	29	30
지혜							○	○			○				
배려							○			○				○	
정의							○			○	○			○	○
공정	○		○					○		○					○
예절			○												
평등	○		○												
친절															
정직	○					○				○		○	○	○	
양심	○				○	○				○		○	○	○	
형평성			○			○	○			○					
주체성		○													
편향 극복															
상황 판단			○												○
리터러시															
의사 결정		○											○	○	
의사 소통			○										○	○	
자기 조절			○									○			
조망수용			○	○								○	○	○	
비이기성			○	○		○									
도덕 판단	○			○		○						○	○		○

(이어서)

에피소드 / 덕목·역량	1	2	3	4	5	6	7	8	9	10	11	12	13	14	15
용기·호연지기			○		○										
타인존중·타인고려		○				○				○	○		○		
연대·공동체의식					○					○	○		○	○	
사회적 책임					○					○	○				
도덕 민감성							○		○						
공감의 확장														○	
비판적 사고력			○				○								
도덕적 상상							○		○				○	○	

에피소드 덕목·역량	16	17	18	19	20	21	22	23	24	25	26	27	28	29	30
용기·호연지기		○											○		
타인존중·타인고려		○				○							○		○
연대·공동체의식		○	○		○	○			○		○		○		
사회적책임	○			○	○			○	○		○		○		
도덕민감성	○			○	○		○		○		○		○		○
공감의확장				○	○		○								
비판적사고력				○			○				○				○
도덕적상상	○				○						○				

함께 읽는 어른들께 드리는 책 활용 팁!

1. 아이들과 동그랗게 앉아 돌아가며 책을 읽는다.

2. 대화체로 쓰여 있으므로 아이들이 교육 연극처럼 참여하게 한다.

3. 아이들이 등장인물에 몰입하며 낭독하게 한다.

4. 각 에피소드에서 인물들의 성격, 특징, 인성, 기분 등에 대해 함께 분석하며 이야기를 나눈다.

5. 각 에피소드 인물들을 아이들 스스로 도덕적으로 평가하게 한다.

6. 아이들이 각각의 상황에서 어떤 결정을 내려야 하는지 돌아가며 이야기하게 한다.

7. 아이들 스스로 가장 도덕적이고 합리적으로 선택하게 한다.

8. 아이들 각자의 의견을 모두 모아 가장 도덕적이고 합리적인 결정을 내려 보게 한다.

9. 수렴된 의견에 관한 아이들의 견해와 이에 관한 지도 어른의 의견을 나누는 시간을 갖는다.

에스컬레이터에서는 오른쪽에 서야지

공공 시설물에서의 예절

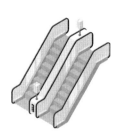

어느 화창한 주말, 영서의 엄마는 영서를 데리고 백화점 여기저기를 돌아다니며 쇼핑하고 있었다.

"엄마, 사람이 너무 많아."

"오늘 주말이라 그래. 돈 많은 사람들 많네. 집에 안 있고 다 백화점에 몰려나왔나 봐."

"우리도 여기 와 있잖아?"

영서가 웃으며 말하자 엄마도 살짝 웃으며 답했다.

"뭐, 우리야 일이 있으니까 온 거지."

이 많은 사람이 어디서 왔는지 계속 궁금해하며, 영서는 엄마와 함께 2층, 3층, 그리고 4층까지 왔다 갔다 했다. 그렇게 두어 시간이 지나고, 마음껏 쇼핑하여 만족해하는 엄마와 함께 식품관으로 이동하기 위해 엘리베이터를 타러 갔다.

딩동! 소리와 함께 도착한 엘리베이터도 역시 북적이고 있었다. 영서와 엄마는 쇼핑백을 잔뜩 들고 있었던 터라 엘리베이터 안을 비집고 들어가기가 쉽지 않았다. 자세히 보니 엘리베이터 안에 사람이 많긴 했지만 대부분 문 쪽에 모여 있었다. 사람들의 표정이 밝지는 않았지만 그래도 비집고 들어갈 공간은 충분히 있었다.

"좀 들어갈게요!"

늘 그런 모습이다 보니 영서와 엄마는 사람이 가득 차 보이는 엘리베이터를 먼저 보내기보다는 일단 밀고 들어갔다.

영서가 보기에는 사람들이 뒤쪽으로 들어간다면 충분히 더 많은 사람이 탈 수 있을 것 같았다. 하지만 영서 자신도 엘리베이터에서 빨리 내릴 생각에 뒤로 가기보다는 문 쪽에 자리 잡고 서는 편이라 딱히 사람들에게 뭐라 할 처지는 아닌 듯했다.

영서와 엄마는 지하에 있는 식품관에 내려 저녁거리를 사고, 집으로 가기 위해 1층으로 올라가는 에스컬레이터를 탔다. 에스컬레이터에서 영서는 엄마의 짐 일부를 들고 왼편에 서 있었다. 그런데 잠시 후 뒤에서 목소리가 들렸다.

"지나갈게요!"

이 소리에 엄마는 영서를 오른쪽으로 살짝 잡아당겼다. 영서가 오른쪽으로 자리를 옮기자 사람들은 영서의 왼편으로 에스컬레이터를 걸어 올라갔다. 영서 엄마가 영서에게 한마디 했다.

"사람들 걸어 다니니까 에스컬레이터 탈 때 가만히 서 있으려면 오른쪽에 서."

엄마의 충고가 있었지만, 영서는 오히려 의문이었다.

"하지만 왼쪽 자리를 비워서 사람들이 지나다니게 하면 에스컬레이터 사고가 자주 나니까 그냥 서 있으라고 들었는데?"

"그렇지만 급한 사람들 배려하는 것을 생각하면…. 영서 너 잘못 알고 있는 거 아니니?"

"아니야. 원래는 엄마 말처럼 한 줄 서기를 했는데 오히려 사고가 늘어났다고 두 줄로 서서 가라고 했어."

"그래? 엄마가 본 너튜브에서는 에스컬레이터에서 한 줄 서기 안 하냐고 뭐라고 하던데…. 그리고 좀 이상해. 오히려 길을 터 주는 게 나을 듯한데?"

갸우뚱하는 엄마의 얼굴을 바라보는 사이 에스컬레이터가 1층에 다다랐다.

"아무튼 밖에서 괜히 사람들에게 말 듣는 것은 좋지 않으니까 엄마 말대로 하렴."

자신이 아는 것과 달랐지만 다른 사람들로부터 눈치를 받는 것은 마음에 부담이 되었다. 그러나 영서는 자신이 아는 것과 반대로 행동하는 것도 마찬가지로 부담이 되었다. 이래저래 마음 한구석이 걸리는 영서였다.

함께 생각해 봐요

1. 나는 엘리베이터를 탈 때 주로 어느 위치에 서나요? 그 이유는 무엇
   인가요? 그 위치를 남들보다 먼저 차지하는 것은 정당하고 도덕적
   인가요? 왜 그렇게 생각하나요?

2. 다음에 설명한 이유를 볼 때, 에스컬레이터에서 '한 줄 서기'와 '두
   줄 서기' 중 어느 것이 적합하다고 생각하나요? 그 이유는 무엇인가
   요? 통일된 에티켓 문화는 왜 중요할까요?
   ① 바쁜 사람이 먼저이므로 한 줄 서기가 맞다.
   ② 안전이 더 중요하므로 두 줄 서기가 맞다.

3. 엘리베이터에서 지켜야 할 공공예절은 무엇이 있을까요? 왜 이러한
   것들을 지켜야 한다고 생각하나요?

4. 에스컬레이터에서 지켜야 할 공공예절은 무엇이 있을까요? 왜 이러
   한 것들을 지켜야 한다고 생각하나요?

5. 엘리베이터나 에스컬레이터 외에 공공 시설물에서 준수해야 할 사
   항들에는 무엇이 있을까요? 왜 이러한 것들을 지켜야 한다고 생각

하나요?

6. 만약 모든 사람이 공공 시설물에서 자신의 편의대로만 생활한다면 어떠한 문제가 발생할까요? 공공 시설물에서 사회적 기초 질서가 확립되려면 어떠한 노력을 기울여야 할까요? 국가, 사회, 개인의 관점에서 이야기해 봅시다.

7. 공공 생활에서 최소한의 예절은 사회생활의 기본입니다. 왜 그렇다고 생각하나요? 내가 알고 있는 공공 생활에서의 예절을 장소별로 나열해 봅시다. 그리고 이러한 것들이 왜 중요한지도 이야기해 봅시다.

8. 다음은 엘리베이터 사용 시 지켜야 할 기본 예절입니다. 이외에 추가할 내용은 무엇이 있을까요? 그 이유는 무엇인가요?

　① 반려견은 입마개, 목줄 착용 등 다른 사람에게 위협이나 불쾌감을 주지 않도록 안전 조치 후 엘리베이터를 이용한다.

　② 엘리베이터에 탈 때는 안에 있는 사람이 다 내릴 때까지 기다린다.

　③ 탑승 시 어린이, 임산부, 노약자가 있다면 먼저 탈 수 있도록 양보한다.

　④ 무거운 물건을 들고 있는 사람이나 버튼에 손이 닿지 않는 어린

아이에게 목적지를 물어보고 버튼을 대신 눌러준다.

⑤ 기다린 순서대로 타고, 들어간 순서대로 안쪽부터 선다.

⑥ 내리는 사람을 배려해 문 양옆으로 줄을 선다.

⑦ 가방, 우산 등 부피가 큰 물건이나 위험한 물건은 자신의 앞쪽
으로 들거나 놓는다.

함께 읽는 어른들에게

아이들은 종합병원, 대형 쇼핑몰 등에서 엘리베이터를 타거나 에스컬레이터를 이용하며 내 가족이 아닌 다른 사회 구성원과 마주하게 됩니다. 이런 공공장소에서의 행동 등은 종종 다른 사람에게 불편을 끼치고 불쾌감을 주기도 합니다. 그러나 아이들은 자신들의 몸가짐이 왜 불편한 상황을 유발하게 되었는지 미처 알지 못할 수도 있습니다.

타인에 대한 배려, 예의범절 지키기 등은 거창하게 시작되는 것이 아닙니다. 아이들이 사소한 언행, 몸가짐으로부터 다른 사람을 존중하고 배려하는 생활 습관을 형성해 가도록 돕기를 바랍니다.

예의범절을 잘 따르는 것은 다른 사람만을 위하는 것보다 자신의 품위를 높이고 우리 모두의 삶의 질을 높이는 가장 기초적인 사회생활의 자세임도 깨닫도록 해 주십시오. 더불어 시대와 장소가 달라져도 변하지 않는 보편적 가치로써 인간존엄성(인간은 고유한 가치를 가지며 인간이라는 이유만으로 존중받아야 한다는 이념)에 대해서도 아이들과 함께 이야기 나누기를 바랍니다. 아이들이 어릴 적부터 기초 예절을 몸에 익히도록 주의를 기울여 세심히 주도해 주십시오.

덧붙여 본 에피소드에서 다루고 있는 소재는 정부의 혼선을 주는 캠페인 이후 현재 한 줄 장려인지 두 줄 장려인지 명확히 정해지지 않은 상태임을 미리 알고 계시면 좋습니다.

문 잡고 서 있지 말고 얼른 나가!

타인의 배려를 이용하는 사람들

집에 가기 위해 지하 식품관에서 1층으로 올라왔지만, 화장품과 각종 세일 제품들 진열대가 눈앞에 펼쳐지자 영서의 엄마는 또다시 걸음을 멈췄다. 영서는 답답한 마음에 엄마를 빤히 바라보았다.

영서는 할인행사가 한창인 매대에서 물건을 고르는 엄마에게 얼른 가자는 눈치를 보냈지만, 엄마에게 그 마음은 전달되지 않는 듯했다.

"엄마, 그만 가자!"

"응, 이것만 보고…."

할인 매장 속 사람들은 두 무리로 나누어져 있었다. 영서 엄마와 같이 경쟁적으로 물건을 보고 있는 사람들과 다른 한편에서 영서처럼 이들을 기다리며 서성이는 사람들이다. 물건을 보는 데 집중하는 사람들과 이들을 기다리는 사람들 그리고 오고 가는 사람들로 인해 백화점은 더없이 좁고 분주해 보였다. 이러한 복잡함이 오가는 통로를 더 좁게 만들었다.

"애, 좀 비켜줄래?"

"아…. 네."

"잠시 좀 지나갈게요."

"네…."

"애야, 그렇게 길 막고 서 있으면 안 된단다."

"네에…."

지나가는 사람들에게 비켜달라는 말을 몇 번이나 들은 영서는 점점 눈치가 보이고 부담감이 커졌다. 초조하게 엄마를 바라보았지만, 아직 할인 매장에서 나올 기미가 보이지 않았다. 영서는 점차 힘들고 피곤해져 짜증이 잔뜩 몰려왔다.

"됐다. 가자."

"더 이상 살 거 없다더니 뭘 그렇게 오래 봐?"

"어머, 시간이 언제 이렇게 지났지? 빨리 가야겠다."

"엄만 금방 끝난다고 해놓고!"

영서의 신경질적인 목소리에도 엄마는 별로 신경 쓰지 않는 것처럼 보였다. 영서는 팔도 아프고 손도 아팠지만, 이제야 집에 간다는 생각에 묵묵히 짐을 들고 출입구로 걸어갔다. 들고 있던 짐은 이제 엄마와 나누어 들었지만 그래도 한 손에는 여전히 쇼핑백을 들고 있었다.

엄마의 걸음은 조금 느렸지만 비교적 수월했던 영서는 몇 발짝 앞서 걸어가 출입문을 열었다. 그리고 밖으로 나가려는데 누군가 영서보다 먼저 안으로 훅 들어왔다. 그 바람에 영서는 잠시 머뭇거리며 문을 잡고 멈추어 섰다. 다시 나가려고 하자 이번에는 두어 사람이 계속 연달아 들어왔다. 그 모습을 보고 엄마가 영서에게 잔소리를 했다.

"넌 거기 왜 그러고 서 있니, 어서 나가지 않고?"

"엄마가 늦게 오니까 그렇지."

"그렇게 문 잡고 서 있지 말고 얼른 나가."

그 말에 영서가 다시 나가려고 했지만 당연하다는 듯이 사람들이 몇 명 더 들어왔다.

"네가 문을 잡고 가만히 서 있으니까 못 나가는 거잖아."

엄마는 답답하다는 듯 말하며 문을 나섰고, 그 때문에 밖에서 들어오려고 했던 사람이 멈칫했다. 그 틈에 영서는 엄마를 따라서 출입문 밖으로 나갈 수 있었다.

"영서야, 그렇게 눈치 없이 느릿느릿하면 안 돼."

그러자 영서가 신경질을 내며 말했다.

"그런 게 아니라니까."

"얘가 왜 이리 꿍해?"

사실 영서는 문을 여는 순간부터 기분이 나빴다. 밖으로 나가려는 영서를 보고도 불쑥 들어오고, 이후 문을 잡고 있는 동안 인사말 하나 없던 사람들⋯. 영서는 어쩐지 이용당했다는 생각까지 들기 시작했고, 억울하다는 생각에 마음이 울컥했다.

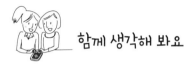

함께 생각해 봐요

1. 만약 내가 영서였다면 출입문 앞에서 어떻게 행동했을까요? 왜 그렇게 하고자 하나요? 그것은 바람직한 태도인가요?

2. 영서는 왜 마지막에 억울한 생각이 들었을까요? 이때 영서의 기분은 어땠을까요? 왜 그랬다고 생각하나요?

3. 만약 내가 영서의 엄마였다면 출입문을 잡고 주춤하는 영서에게 무슨 말을 하고 싶은가요? 그 이유는 무엇인가요? 그리고 이것은 자녀에 대한 올바른 교육일까요?

4. 함께 생활하는 사회 속에서 우리는 수시로 다른 사람과 마주하게 됩니다. 엘리베이터 입구, 건물 출입구 등 서로 배려하고 존중해야 하는 상황도 자주 발생합니다. 그런데 어떤 사람들은 상대방의 친절과 배려를 이용하는 모습을 보이기도 합니다.

   1) 내가 이런 종류의 기회주의자와 마주친다면 어떻게 대처하는 게 좋을까요? 이들에게도 여전히 친절과 배려를 베풀어야 하나요? 왜 그렇게 생각하나요?

2) 기회주의자에게는 친절과 배려 자체를 하지 않아야 할까요? 아니면 기회주의자가 더욱 많아져도 상관없이 계속 친절과 배려를 베푸는 것이 옳은 일일까요? 왜 그렇게 생각하나요?

3) 사회 구성원이 어떻게 하면 공적 생활 속에서 서로 존중하고 배려하도록 만들 수 있을까요? 이것은 왜 중요한가요?

함께 읽는 어른들에게

이번 에피소드의 기획 의도는 다음과 같습니다. "기회주의자와 같은 행동을 보이는 사람에게도 친절과 배려를 베풀어야 하는가? 아니면 기회주의자가 존재할 수 있으므로 친절과 배려 자체를 자제해야 하는가?"

먼저 부모님이나 선생님은 이 문제에 대해 어떻게 생각하시나요? 우리 주변에는 개인의 인격 수준에 따라 실로 다양한 유형의 사람들이 존재합니다. 타인에 대한 배려가 몸에 밴 사람이 있는가 하면, 간혹 유아독존唯我獨尊 같은 사람도 있습니다. 그래서 대부분 가정에서 부모님들은 아이들이 집 밖에 나가서 손해를 입지 않는 방식으로 살아가도록 가르치기도 합니다. 흔히 "남에게 이용당하지 마라", "호구가 되지 마라" 같은 말들을 많이 들어 보았을 것입니다. 그런데 이 말은 '착한 사람이 되지 마라'는 뜻이 아닙니다. 타인을 도구로 여기는 소위 얌체족을 경계하라는 뜻일 것입니다.

그렇다면 아이들의 도덕적 인성을 키움과 동시에 선량하지 않은 사람들로부터 보호하기 위해서는 어떻게 교육해야 할까요? 여기서 필요한 것이 바로 성찰이 기반이 된 도덕심道德心입니다. 이는 단순하게 덕목(충忠, 효孝, 인仁과 같은 덕)의 실천 자체로는 모두 얻기 어렵습니다. 도덕은 실제를 기반으로 하기에, 반성적으로 숙고하지 않은 도덕심은 스스로를 속이거나 타인에 의해 이용당할 확률이 높기 때문입니다. 도덕 교육이 중요하고 필수적인 것은 바로 이러한 이유 때문입니다.

아이들은 사회 구성원과의 관계로 갈수록 피상적인 접근을 하기 쉽습니다. 가족이나 자신에 대한 것은 실제적 경험으로 인해 공감하기 쉽습니다. 그러나 이것이 소위 '남'으로 바뀌게 되면 공감이란 것이 일종의 인지적 공감에 머무는 경향이 큽니다.

아이들이 마주하게 될 복잡한 사회 환경 속에서, 그리고 이들이 접할 무수히 많은 양상의 사람들 속에서 선한 마음을 지키면서 동시에 지혜롭게 살아가기 위해서는 옳고 그름에 대한 분명한 기준, 자신의 언행에 대한 깊은 성찰, 맥락을 꿰뚫는 도덕적 상상력 등이 필요합니다. 이것은 옳음과 돌봄이라는 단어로 간략히 요약할 수 있습니다.

악한 사람들에게 호구가 되지 않는 것은 분명 옳은 일이며 도움이 필요한 선량한 타인을 돌보는 것 또한 바람직합니다. 부모님과 선생님들께서는 본 에피소드를 통해 아이들이 도덕적 인간, 즉 비판적이고, 반성하고, 올바르며, 선한 사람으로 자라는 기본 토대를 갖추도록 도와주기를 바랍니다.

쌓인 메시지 읽는 게 숙제처럼 느껴져…

스마트폰의 족쇄

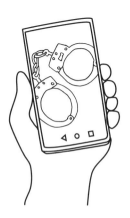

학급 임원 선거일이 다가오면서 학교 밖에서도 친구들 간 연락이 활발해졌다. 서로 얼굴을 익히면서 친해진 까닭도 있겠지만, 학급 임원 선거가 얼마 남지 않아 더욱 그러했다.

미정이의 스마트폰에도 끊임없이 깨톡 메시지가 오고 있었다. 잠시 확인하지 못하는 사이에도 이래저래 메시지들이 쌓여갔다. 학원 수업을 듣거나 다른 일을 하느라 오래 확인하지 못하게 되면 메시지가 감당할 수 없을 만큼 쌓이기도 했다.

학원의 중간 휴식 시간이 되자 미정이는 허겁지겁 메시지를 살폈다. 이를 보며 영서가 웃으며 말했다.

"인기 많다! 나는 메시지가 와 봐야 엄마 아빠가 대부분인데…."

"뭐, 이 정도야 기본이지!"

말은 이렇게 하지만 미정이도 시도 때도 없이 쌓여가는 깨톡 메시지들이 점점 부담되기 시작하였다. 메시지뿐만 아니라 부재중 전화나 문자들도 적잖이 와 있었다. 옆에서 구경하던 영서가 물었다.

"그런데 이거 다 읽어 봐? 거의 책 읽는 수준인 듯…."

"띄엄띄엄 읽거나 훑어보는 정도지 뭐. 읽기만 하면 그나마 다행인데…."

미정이는 대화를 하면서도 일부 깨톡에 이모티콘을 쓰거나 답을 하고, 그것도 모자라 아웃스타그램이나 베이스북에도 댓글을 달았다. 구경하는 영서에게는 신기해 보일지 모르겠지만, 미정이에게는 어느덧 밀린 숙제처럼 느껴졌다.

학원 수업을 마치자마자 미정이는 바로 스마트폰을 꺼내어 이것저것 읽으며 답글을 썼다. 길을 걸으면서도 스마트폰에서 눈을 떼지 못하는 미정이를 보고 걱정된 영서가 한마디를 꺼냈다.

"걸어 다니면서 폰 보고 있으면 위험하지 않겠어?"

"그렇긴 한데…."

이때 갑자기 미정이의 전화벨이 울렸다. 미정이가 얼른 전화를 받았다.

"여…여보세요?"

"미정이 너 왜 답 안 해!"

"아, 미안. 학원 수업 중이었어."

"쉬는 시간에 답 줄 수 있잖아."

"시간이 없었어."

"야, 시간이 없긴. 아까 단톡에는 바로 댓글 남겼잖아."

"아니, 그건… 먼저 들어가서 본 거였고."

"내가 어제부터 그거 어떻게 할지 말해 달랬잖아."

"미안, 잊어버리고 있었어."

"아, 잊어버릴 걸 잊어야지. 나랑 다른 애들은 계속 기다리고 있었 잖아!"

"미안해…. 집에 가서 알려 줄게."

전화를 끊은 후 미정이는 난감한 표정을 지었다. 그 모습을 본 영 서는 아무 말 없이 미정이와 집으로 가는 길을 걸었다. 자동차와 사람 들이 뒤섞인 복잡한 저녁 길가에서 아이들은 종종 위태위태한 모습을 보이고 있었다.

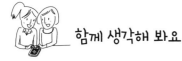

함께 생각해 봐요

1. 끊임없이 울리는 깨톡 소리에 미정이는 어떤 기분이 들었을까요? 왜 그렇다고 생각하나요?

2. 전화를 끊은 후 미정이는 왜 난감한 표정을 지었을까요? 미정이의 상황을 설명하며 그 이유를 추측해 봅시다.

3. 내가 미정이라면 이러한 상황에서 어떻게 대처했을까요? 왜 그렇게 할 거라고 생각하나요?

4. 미정이를 지켜보는 영서의 기분은 어떨까요? 영서는 왜 그런 기분이 들까요? 내가 영서라면 미정이에게 어떤 말을 해 주고 싶은가요? 왜 그런가요?

5. 나는 보통 하루 동안 몇 통의 전화를 받고 몇 개의 메시지를 주고받나요? 진실한 친구 관계를 형성하기 위해 통화, 문자, 메신저 등이 중요한가요? 얼마나 중요하며 왜 그렇다고 생각하나요?

6. 내 연락에 상대방이 응답하지 않으면 어떤 기분이 드나요? 또 쌓여

가는 연락 때문에 내 할 일조차 제대로 못 하거나 방해받는다면 어떻게 해결할 생각인가요? 그것이 다른 사람들과의 관계에 어떤 영향을 줄지 생각해 보고, 무엇을 중심으로 어떻게 관계를 유지하며 원만하게 해결할 수 있을지 생각해 봅시다.

함께 읽는 어른들에게

사람은 수많은 관계를 맺으며 살아가고 있습니다. 그리고 생활 편의 기술과 통신 기술의 발전은 우리의 대인 관계를 더 긴밀하게 만들어 주기도 합니다. 그러나 사람들 간의 관계는 사소한 일로 상처를 주고받거나 원치 않는 오해나 갈등을 야기하기도 합니다. 특히 아이들은 친구와의 소통 문제로 인해 마음에 큰 상처를 입기도 합니다.

알파세대인 아이들은 태어날 때부터 인공지능AI, 로봇, 사물 인터넷IoT 등의 기술 집약적인 환경 속에서 성장했으며, 텍스트보다는 영상과 이미지를 선호하고, 아날로그보다는 디지털을 친숙하게 느낍니다. 아이들은 틱톡, 디스코드, 로블록스, 젠리 등의 어플을 사용하며 타인과 연결됩니다. 그러나 메신저의 사용은 때때로 아이들에게 고민거리와 스트레스의 증가를 가져오기도 합니다.

아이들의 인성 형성에 있어 관계성이란 중요한 요소입니다. 친구들과 올바른 관계를 형성하도록 아이와 많은 이야기를 나누기를 바랍니다. 올바른 관계성 교육은 아이들의 인성 발전에도 큰 도움이 될 것입니다.

쟤는 언제부터 친했다고 끼어들어?

친구에 대한 독점욕

현장 체험 학습을 마친 아이들은 올 때와 마찬가지로 반마다 정해진 버스를 타고 집으로 돌아오게 되어 있었다. 다들 아침에 출발할 때와 같은 자리에 앉았고, 영서도 올 때와 같이 소미의 옆자리에 앉았다.

버스에서 미정이와 함께 앉지는 못했지만, 소미와 다른 친구들이 함께 있어서 심심하지는 않은 날이었다. 그래도 영서는 조금 아쉬운 마음이 들어 미정이네 집에 놀러 가려고 했다. 집으로 가는 버스 안에서 영서는 서운한 마음을 살짝 담아 미정이에게 깨톡을 보냈다.

「오늘 집에 놀러 가도 돼?」

「응응」

방학과 달리 학기 중이라 영서는 좀처럼 미정이네 집에 가지 못하고 있다. 자주 가다 보니 눈치가 보일 때도 있지만, 그래도 가장 친한 미정이와 학교 밖에서 속마음도 이야기하고 놀러 다니는 것이 좋았다. 학교에 거의 도착할 때쯤 영서가 생각했다.

'오늘은 놀아도 별 상관없겠지.'

버스가 학교에 도착한 후 영서는 다리가 불편한 소미를 도와주었다. 그러다 보니 다른 친구들보다 늦게 귀가하게 되었지만, 마음 한편은 뿌듯했다.

"소미야, 잘 가."

"그래, 오늘 고마웠어. 내일 봐."

소미와 헤어진 후 영서는 가벼운 마음으로 미정이네 집으로 향했다. 하지만 길을 걷던 중 문득 서운하면서도 억울했던 아침의 기억이 떠올랐다. 버스에서 미정이와 함께 앉을 생각이었지만, 예진이에게 선수를 빼앗겼기 때문이다. 그렇지만 소미와 보낸 현장 체험 학습이 마음에 들지 않는 것은 아니었다.

이런저런 생각을 하다 보니 금세 미정이네 집에 도착했다. 초인종을 누르자 미정이가 문을 열어 주었다.

"어서 와."

"응."

집 안으로 들어가 보니 예진이도 와 있었다. 예진이를 본 영서는 잠시 주춤했지만, 가볍게 인사하고 자리를 잡았다.

"뭐하고 있었어?"

"예진이랑 스마트폰 게임하고 있었어."

영서는 미정이네 TV를 눈으로 가리키며 말했다.

"그래도 콘솔 게임이 재미있지 않나?"

"예진이한테 소개한 게임도 꽤 재미있어."

"무슨 게임인데?"

"모바일 게임인데, 게임 해킹해서 자원이랑 제한 같은 거 전혀 없는 거야."

"그래? 하지만 제한이 없으면 게임이 재미없을 듯."

살짝 시큰둥한 영서의 반응과 달리 미정이와 예진이는 스마트폰을 보며 같이 게임을 하고 있었다.

무표정하게 두 사람을 보던 영서는 자기가 좋아하는 콘솔 게임의 조이스틱을 만지작거리며 미정이를 불렀다.

"미정아."

"응."

미정이는 예진이와 모바일 게임을 하느라 고개도 들지 않고 대답했다. 영서는 살짝 언짢은 기분이 들었다.

'예진이 쟤는 언제부터 그렇게 친했다고 끼어들어?'

영서의 불편한 기분을 아는지 모르는지, 미정이는 여전히 모바일 게임에 집중하며 예진이하고만 이야기하고 있었다. 영서는 미정이와 예진이가 서로 이야기하는데 혼자 놀기도 민망했고, 그렇다고 두 사람의 대화에 끼는 것도 뭔가 어색하다는 생각이 들었다.

"미정아, 이거 2인용으로 같이 안 할래?"

잠시 머뭇대던 영서가 미정이에게 같이 게임을 하자고 말을 건넸다. 하지만 미정이는 여전히 고개를 숙인 채 영서를 쳐다보지도 않고 말했다.

"아, 오늘은 이거 할래. 이거 은근 재미있네~!"

"그렇지, 미정아?"

자기에게 관심 없는 미정이도 그렇지만, 거기에 맞장구치며 놀고 있는 예진이를 보니 살짝 부아가 치밀었다. 하지만 이런 걸로 뭐라고 말하면 속 좁은 애가 될까 봐 영서는 꾹 참았다. 영서는 조이스틱을 잡고 게임을 계속하려 했지만, 평상시 좋아하던 게임에서도 그다지 재미를 느낄 수 없었다.

애써 표정을 관리하던 영서가 결국 자리에서 일어나며 미정이에게 작별 인사를 했다.

"나 갈게."

"응, 벌써 가려고? 잘 가."

영서는 별다른 반응이나 마중도 없이 잘 가라는 말만 하는 미정이 때문에 속이 울컥했지만, 꾹 참고 미정이네 집을 나섰다. 영서의 머릿속에 괘씸하다는 생각, 속상하다는 생각, 무엇인가 빼앗겼다는 생각 등이 마구 몰려왔지만, 아무 생각하지 않으려고 노력하며 집으로 향했다.

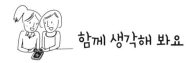 함께 생각해 봐요

1. 이 시리즈의 1권 『학교생활 나라면 어떻게 할까?』 에피소드 15 「누가 돈 주고 봐?」에 비추어 볼 때, 영서는 미정이에게 왜 서운한 마음이 들었을까요? 나의 경험과 비교해서 생각해 보세요.

2. 예진이와 모바일 게임을 하느라 고개도 들지 않고 대답하는 미정이를 보면서 영서는 어떤 기분이 들었을까요? 왜 그런 기분이 들었다고 생각하나요?

3. 미정이의 집에서 예정도 없이 예진이를 만난 영서의 마음은 어떨까요? 왜 영서는 예진이에게 그러한 마음이 들었을까요? 예진이에 대한 영서의 이러한 마음은 바람직할까요? 그렇게 생각하는 이유는 무엇인가요?

4. 나도 영서와 같은 기분이 들었던 적이 있었나요? 언제, 누구에게, 어떤 상황에서 그와 유사한 기분이 들었나요? 그러한 기분이 든 이유는 무엇이라고 생각하나요? 그리고 그 마음은 바람직하고 적절할까요? 왜 그렇게 생각하나요?

5. 그렇게 가고 싶던 미정이 집이었지만, 영서는 자리에서 일찍 일어나게 됩니다. 왜 영서는 집에 돌아가려고 했나요? 그때 영서의 기분은 어떨까요? 왜 그렇다고 생각하나요? 만약 내가 영서라면 이와 같은 상황에서 어떻게 처신했을까요? 그렇게 하고 싶은 이유는 무엇인가요? 그리고 그것은 바람직한가요?

함께 읽는 어른들에게

　본 에피소드는 친구 관계와 관련해 아이들이 흔히 경험하는 상황을 보여 주고 있습니다. 영서와 마찬가지로 아이들은 친구와의 관계가 친밀해질수록 기대감도 상승합니다. 이는 대상에 대한 서운한 마음과 실망, 급기야 갈등을 발생시키기도 합니다.

　친구 사이는 가족과 달리 자발적으로 형성됩니다. 아이들에게 있어 친구는 사회적 지지자로서 정서적 공감을 주고, 취미와 관심사를 공유하며 소속감을 제공하는 일종의 준거집단(일반적으로 자신을 평가하는 기준으로 사용하는 집단) 역할을 합니다. 이런 사회적 성장을 위해서 아이들에게 친구는 중요한 존재입니다.

　그러나 친구와 밀접해질수록 아이에게 상대방에 대해 독점욕이 생길 수 있습니다. 때로는 단짝 친구를 빼앗기는 것 같은 느낌을 받을 수도 있습니다. 이때 아이들이 문제의 원인을 잘못 파악하여 오히려 친구와의 관계를 더 어렵게 만드는 경우도 많습니다.

　본 에피소드를 통해 영서, 미정, 예진이 각각의 입장에 서 보고, 그들의 기분과 생각을 상상해 보는 일은 아이들이 더 성숙한 인격으로 성장하도록 도울 것입니다.

　각각의 등장 인물에게 속상함, 미움, 분노, 서운함 등의 정서와 감정이 생기는 이유를 아이들이 직접 이야기해 보게 함으로써 보다 객관적으로 사태를 파악하고 적절하게 대처하는 능력을 키울 수 있습니다. 자기의 입장과 상대방의 입장을 모두 고려하여 생각하는 경험은 아이들이 자기 자신의 욕구와 상대방의 욕구를 함께 배려하도록 자극할 것입니다. 또한 바람직한 해결책을 찾기 위해 소통하고 협력할 줄 아는 역량을 키우게 할 것입니다.

축구를 하는 게 아니라 화내는 것처럼 보여

승패 집착과 통제력의 상관관계

민배와 경만이 그리고 한섭이는 주말 축구 클럽 경기를 앞두고 몸풀기와 개인기 훈련 등을 하고 있었다. 잠시 후 코치님이 도착하자 본격적으로 시합 준비를 시작했다. 이런저런 주의 사항을 이야기하던 코치님이 전에 말한 내용을 상기시켰다.

"저번에도 말했겠지만, 이번에 우리가 시합하는 팀은 유소년 유망주 팀이야. 물론 상대 팀이 잘하는 팀이라 우리가 이기기는 어렵겠지만, 그래도 우리가 축구하는 목적이 뭐냐?"

"즐겁게 축구하자!!"

"그래. 열심히 하다 보면 멋진 모습을 보여줄 수 있을 거야. 더불어 방송으로도 중계된다고 하니 그만큼 추억으로 남을 거다."

"네!!"

아이들이 웃으며 다 함께 기합 소리를 냈다. 운동장으로 들어가면서 민배가 방송국 사람들과 카메라들을 가리키며 말했다.

"이야~ 방송에 나간대. 저번에는 그다지 실감이 안 났는데."

"야야. 뭘 기대하냐! 다 편집당해서 나오지도 않을걸. 안 그러냐, 한섭아?"

민배의 말에 경만이가 비웃듯이 답했다. 하지만 한섭이의 생각은 약간 달랐다. 축구보다도 방송국이나 사람들의 눈에 띄고 싶었다. 왠지 래퍼로서 얼굴과 이름을 알리는 데 조금이라도 도움이 될지도 모른다는 막연한 생각이 들었다.

삐익~!

휘슬 소리와 함께 시합이 시작되었다. 상대는 한섭이네 팀보다 나이가 한두 살씩 어린 친구들이었지만 아무래도 실력 차이가 있다 보니 한섭이네 팀이 밀리는 모습을 보였다.

시합이 시작된 지 수 분 후, 한섭이는 상대의 발재간을 당해내기 힘들게 되자 어깨로 그 선수를 밀어냈다. 그러자 순간 상대가 밀려나 한섭이가 공을 따낼 수 있었다.

"오, 한섭 선수 볼 경합 끝에 결국 볼을 따냈습니다."

"그렇죠. 드림팀이라 기술적으로는 앞설지 모르지만, 아직 몸싸움에서는 좀 밀릴 수 있습니다. 선수의 기량을 살피기 위한 시합이지만 연령에 따른 체격 차이는 분명 존재하니까요."

장내 방송이 이를 칭찬하자 한섭이는 카메라를 더욱 의식하게 되었다. 볼 경합에서 이긴 데다 자기 이름까지 불리자 한섭이의 마음이 한층 더 북돋아졌다. 하지만 몸싸움으로 계속 상대를 제압하기는 힘들었다. 상대 선수는 한섭이가 거는 몸싸움을 뛰어난 기술을 이용해 피하거나 유리하게 이끌었다. 한섭이의 몸싸움은 어깨 싸움 위주에서 허벅지와 허리, 그리고 간간이 손까지 쓰면서 점점 거칠어지기 시작했다. 상대 선수도 이에 대응하며 경기를 해 나갔다.

"한섭아! 흥분하지 마!!"

코치님이 자제하라고 외쳤지만, 한섭이와 상대 선수에게는 이미 자존심 싸움으로 바뀐 지 오래였다. 한 쿼터가 그렇게 끝이 났다.

마지막 쿼터를 남긴 휴식 시간, 코치님이 팀원들에게 이런저런 조언을 건네고 있었다.

"그래그래. 실력 차이는 있지만 모두 열심히 잘해주고 있어. 그런데 한섭이 너는 너무 흥분하는 것 같더라. 긴장할 필요 없어. 동생들에게 너무 거칠게 하지 말고."

"아, 아니에요. 그냥 최선을 다하고 있을 뿐이에요."

"몸싸움하면서 손도 쓰고 반칙처럼 보이는 플레이를 하는데, 축구를 하는 게 아니라 화내고 있는 것처럼 보여서 그래."

"…."

"우리는 즐겁게 하는 시합이니까 너무 승부에 집착하지 말고. 정정당당하게 스포츠맨십 발휘해서 동생들에게 모범을 보여야지? 알겠지, 얘들아!"

"넵!!!"

마지막 쿼터가 시작되었다. 오늘 시합 내내 경쟁하던 상대 선수는 씩씩거리면서도 한편으로는 조롱하는 듯한 표정을 지으며 한섭이를 도발했다. 한섭이의 몸싸움이나 자잘한 반칙은 이미 간파한 듯 이제 상대하기 버거울 정도였다. 특히나 한섭이를 제치고 나갈 때마다 피식 웃는 듯한 표정을 지어 보여 한섭이의 속이 더욱 부글부글 끓어올랐다.

'이게…. 잘난 척하기는.'

그러던 중 팀의 패스가 중간에 차단당하고 한섭이와 상대 선수가 겨루게 되었다.

'여기서 뚫리면 한 골 먹게 돼!'

몸싸움을 통해 진로를 방해하고 밀어내려 했지만, 상대 선수는 오히려 잘 견디며 앞으로 나아갔다. 조만간 뚫릴 것 같은 느낌이 들었다. 게임이 잘 안 풀리는데 또 이 녀석에게 당한다고 생각하니 가슴 속에서 화가 밀려 올라오는 듯했다.

밀린다고 생각하는 순간, 균형이 깨지면서 상대 선수가 앞서 나가려 했다. 한섭이는 다급하게 태클을 걸었다. 그러나 그 태클은 공보다는 상대 선수의 발 쪽을 향해 있었다.

삐익~!!!

휘슬 소리와 함께 심판이 다가왔다. 특별히 상대 선수를 노린 것은 아니었지만, 그 애의 발에 걸리더라도 상관없다는 생각으로 시도한 태클이었다. 상대 선수는 떼구루루 구르며 고통을 호소했다. 한쪽에서 탄식하는 소리와 군데군데 야유 소리가 들렸다.

함께 생각해 봐요

1. 경기가 시작하고 한섭이는 어떤 기분과 마음가짐을 가지게 되었나 요? 왜 그렇다고 생각하나요?

2. 마지막 쿼터에서 한섭이는 왜 그러한 행동을 보였을까요? 한섭이의 심정을 상상하여 이야기해 봅시다. 이러한 한섭이의 마음은 바람직 할까요? 왜 그렇게 생각하나요?

3. 경기에 임하는 한섭이에게 필요한 자세는 무엇일까요? 왜 그러한 것이 필요하다고 생각하나요? 이러한 능력을 획득하기 위해 어떠한 연습과 습관이 필요할까요?

4. 스포츠맨십이란 무엇인가요? 왜 모든 스포츠 경기에서 이것이 요구 될까요?

5. 스포츠 경기에 직접 참여해 본 적이 있나요? 언제, 어떤 경기였나 요? 경기를 하던 당시의 기분을 떠올려 이야기해 봅시다.

6. 흥분하거나, 자존심이 상해 회복하려 하거나, 혹은 자존심 대결이

되었을 때 나는 어떻게 대처하나요? 친구들과 경험을 공유해 보면서 어떻게 대응하는 것이 올바른 일일지, 그리고 그에 따른 현실적인 문제는 무엇인지 생각해 봅시다.

함께 읽는 어른들에게

　현대사회의 경쟁과 승부 겨루기는 아이들의 삶에서도 당연한 현상입니다. 아이들은 학업이나 게임, 특히 스포츠 경기 등에서 승패에 민감하게 반응합니다.

　이는 자연스러운 모습이지만, 지나치게 되면 한섭이와 같이 통제력을 상실하기도 합니다. 다시 말해 룰에 따른 경쟁이라도 감정과 경쟁심을 만나게 되면 종종 자존심 싸움으로 변질되고, 필요 이상의 신경전이나 다툼으로 발전하기도 하는 것입니다. 따라서 본 이야기를 통해 아이들과 스포츠맨십, 정당한 경쟁, 그리고 자존심이란 무엇이고 어떻게 지켜야 하는지 대화해 보기를 바랍니다.

　인성교육은 거창하거나 교실에서 형식적인 수업으로만 이루어지는 데 한정되지 않습니다. 영국의 도덕교육학자인 존 윌슨John Wilson은 도덕 교육이 교실과 삶의 현장에서 모두 이루어져야 한다고 제안했습니다. 인성교육은 교실과 일상에서 함께 이루어질 때 가장 성공적인 교육이 될 것입니다. 그러므로 일상에서, 아이들이 참여하는 스포츠 경기에서, 그리고 다른 경쟁의 상황 속에서도 매번 규칙을 준수하고 꼭 지녀야 할 자세를 갖추도록 일깨우기를 바랍니다. 이것은 끊임없는 연습과 훈련이 필요한 것임을 아이들이 인지하도록 돕기를 바랍니다.

남는 거 너 줄게. 이런… 남은 게 없네?

사적 복수의 정당성 여부

학원 도서실에 모여 공부하던 민배, 경만 그리고 일호는 허기를 느끼며 3층 휴게실로 올라왔다. 3층 휴게실은 하늘 정원이었다. 몇몇 사람들이 식탁에 앉아 간식을 먹거나 수다를 떨고 있었다. 매점이 문을 닫아서 간식을 사려면 밖으로 나가거나 자판기로 가야 했다. 그런데 하필 하늘 정원에 있는 자판기도 고장이 나 있었다.

민배가 일호에게 먹을 것이 없는지 물었다. 그러자 일호는 자기의 물통을 가리키며 말했다.

"집에서 가져온 거…"

"뭔데?"

"얼음 동동 식혜."

"헐, 대박! 물통도 아직 차갑네. 더운데 잘됐다. 그런데 앉을 만한 데가 있나?"

하늘 정원 주위를 보자 경재가 테이블이 있는 의자에 앉아 커다란 비스킷을 먹고 있었다. 민배가 그걸 보더니 반갑다는 듯이 말했다.

"오, 경재가 뭘 먹고 있는데. 좀 달라고 할까?"

그러나 일호가 고개를 절레절레 저으며 말했다.

"야, 쟤한테 그런 걸 기대하냐? 저 얍삽한 녀석한테?"

"쟤 원래 그런 애긴 하지만, 아무리 그래도 대놓고 그럴까?"

"그러고도 남을 애야. 저번 과학 수행 때 지들끼리 실컷 놀면서 나만 부려 먹다가 결과물만 쏙 빼먹는데…. 정말!! 안 당해 보면 모른다."

한탄의 소리와 함께 일호의 얼굴이 상당히 일그러졌다.

민배와 경만이는 일호를 데리고 넉살 좋게 경재가 앉은 테이블에 앉았다.

"오! 너도 시험 공부하러 왔냐, 경재야?"

"응."

경재는 누가 오든 말든 상관하지 않고 자기가 먹던 비스킷을 계속 먹었다. 일호는 자리에 앉으며 자기 앞에 물병을 탁 소리 나게 올려놓았다. 경재가 쳐다보긴 했지만, 딱히 개의치 않았다.

민배가 경재에게 말했다.

"먹고 있는 거 뭐냐?"

경재가 민배를 힐끔 보더니, 비스킷을 자기 쪽으로 옮기며 말했다.

"이거 비싼 거야."

"짜식, 주기 싫으면 그냥 주기 싫다고 해라."

경만이가 멋쩍게 웃으며 답했다. 경재의 표정을 본 민배도 단념하는 듯 말했다.

"할 수 없지. 일호야, 네 식혜 좀 마시자. 날도 덥고."

"그래. 충분히 가져왔으니까."

비스킷을 먹는 경재를 두고 일호, 민배, 경만이는 물통의 컵으로 식혜를 나눠 마셨다. 더위에 좀 녹기는 했지만, 살얼음이 조금씩 남아 맛있고 시원했다.

두 컵 정도의 양이 남았을 때 세 사람은 경재가 자기들을 바라본다는 것을 알아챘다. 살펴보니 자판기가 고장 나서인지 경재는 음료수 없이 비스킷만 먹고 있었다.

"마시고 싶냐?"

일호가 선뜻 경재에게 마시겠냐고 물었다. 민배와 경만이는 아까 일호가 말했던 것을 생각하며 속으로 의외라고 생각했다.

"일단 내가 마시고 남은 거 줄게. 알았지?"

경재는 좀 전에 친구들을 대하던 태도와는 정반대로, 기대하는 얼굴을 하며 알겠다고 말했다. 그러자 일호의 입술 양 끝이 살짝 올라갔다. 민배와 경만이는 의외라는 얼굴과 함께 숨을 죽이고 일호의 손끝을 바라보고 있었다.

기대하는 얼굴로 바라보는 경재를 앞에 두고, 일호는 자기 앞에 둔 컵에 식혜를 따르기 시작했다. 조금씩 부어지는 식혜는 컵의 반을 넘어, 얼마 지나지 않아 거의 다 차게 되었다. 하지만 잠시 후 자기 순서를 기다리던 경재와 다른 친구들은 당혹감에 눈을 휘둥그레 떴다.

"저…저기…."

경재의 목소리가 살짝 당황한 듯 들렸다. 일호가 컵이 넘치도록 식혜를 따르고 있었기 때문이었다. 친구들의 반응에 상관없이 일호는 계속 컵에 식혜에 따르고 있었다. 넘쳐난 식혜는 테이블을 적시고 바닥으로 뚝뚝 떨어졌다. 그리고 잠시 후 물통의 식혜도 다 떨어졌다. 그러자 일호가 웃으면서 경재를 바라보았다.

"이런, 남아 있는 게 없네?"

순간 얼굴이 일그러진 경재가 자리를 박차고 나갔고, 민배와 경만이는 손바닥을 가볍게 맞부딪치면서 일호에게 환호했다.

"오, 멋져!"

"진짜 끝내주네."

일호는 아무 말 없이 가볍게 웃으며 식혜를 마저 마셨다.

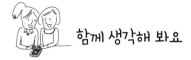

1. 경재는 왜 비스킷을 나누어 주지 않았을까요? 그 행동에 대해서 평가해 봅시다. 왜 그러한 평가를 내렸나요?

2. 비스킷을 먹던 경재에게 일호 일행이 다가와 말을 걸었을 때 경재의 대응에 대해 어떻게 생각하나요? 내가 경재였다면 일호 일행에게 어떻게 했을까요?

3. 자신이 마시고 남은 것을 주겠다는 일호의 말을 들었을 때 경재가 기대하는 것을 보고 어떤 생각이 들었나요?

4. 일호가 식혜를 다 쏟아 버리는 모습을 본 경재는 어떤 기분이 들었을까요? 왜 그러한가요?

5. 만약 내가 일호라면 경재에게 같은 언행을 했을까요? 왜 그러한가요? 그것은 바람직한가요? 그 이유는 무엇인가요?

6. 당연히 보복해야 한다고 생각하거나 보복하지 못했기 때문에 억울했던 적이 있나요? 경험을 공유하며 어떻게 해야 했었는지 논의해

봅시다.

7. 사적 보복은 정당한 것인가요? 왜 그렇게 생각하나요? 만약 사회의 모든 사람이 사적 보복을 통해 피해를 준 상대에게 직접적인 복수를 한다면 사회는 어떻게 될까요? 왜 그렇다고 생각하나요?

8. 사회, 지역 공동체, 국가 등에는 다양한 형태의 법이 존재합니다. 이 가운데 형법은 사회나 국가에서 어떠한 역할을 할까요? 그리고 왜 이것이 필요할까요?

9. 내가 담임 선생님이라면 이런 모습을 보고 이들에게 각각 뭐라고 말하고 싶은가요? 왜 그런가요?

10. 나는 이와 유사한 상황을 직접적으로 혹은 간접적으로 경험한 적이 있나요? 그때 어떤 기분이 들었나요? 상대방은 어떤 기분이었을까요? 바람직한 해결 방안을 무엇이라고 생각하나요? 그 이유는 무엇인가요?

 함께 읽는 어른들에게

본 내용은 『학교생활 나라면 어떻게 할까?』 에피소드 13 「이런 건 남자가 잘한다구!」의 이후 이야기입니다. 여기서는 아이들의 눈높이에서 볼 때 "사적 복수는 정당한가"에 대한 주제를 포함하고 있습니다.

옛날 함무라비 법전을 보면 '눈에는 눈, 이에는 이An eye for an eye, a tooth for a tooth(Lex talionis)'와 같은 법률이 있습니다. 이 법률의 말처럼, 많은 사람이 상대방이 빌미를 주었을 때 이에 대한 복수가 타당하다고 생각합니다. 하지만 이것은 곰곰이 따져 보아야 할 문제입니다. 이런 복수가 정당성을 가질 수 있는지, 만약 복수가 허용되지 않는다면 상대방에게 그저 당해야만 하는지 등과 같은 딜레마를 안겨줄 수도 있습니다.

도덕성 발달에 대한 이론을 제시한 미국의 심리학자 로렌스 콜버그Lawrence Kohlberg는 3수준 6단계의 도덕성 발달 단계를 제안했습니다. 그의 도덕성 발달 단계에서 '상대방이 행한 그대로 나도 행한다'는 도덕판단 추론은 2단계에 해당합니다. 2단계는 인습이전 수준이며, 보통 연령상 10세 이하의 아이들이 속합니다. 엄밀히 말해 이 수준의 도덕판단 단계를 보이는 아이들은 더 높은 도덕적 추론 단계로 발전해야 한다는 것입니다.

아이들이 본 에피소드를 통해 딜레마 사고 실험(다양한 영역에서 이론을 세우고 가설을 검증하기 위해 생각으로만 추론하는 실험)만이 아니라 다양한 관점에서 상황을 바라볼 수 있도록 도덕적 상상력을 키우기를 바랍니다.

아무 메일이나 만들어서 놀아 볼까?

가상공간의 허와 실

경재와 한준이는 학원에 가지 않고 PC방에서 시간을 보내고 있었다.

"너도 주말에 보충으로 대신한다고 했지?"

"그렇지. 그래야 학원에서 집에 전화 안 할 테니."

"암튼 게임이나 빨리하자."

경재와 한준이는 19세 미만 이용 불가인 범죄액션 게임 GDA5를 하고 있었다. 한창 게임을 하던 중, 갑자기 한준이가 경재에게 말했다.

"너 메타버스 알아?"

"응. 그거 아웃스타그램이나 뭐 그런 거 현실처럼 만들어 놓은 가상 버전 아냐?"

"대충 그렇지. 제파토라는 거 해 보는데 일상을 구현한 게임에 채팅 강화한 느낌 정도? 복장이나 제스처도 돈 주고 사야되는…."

"그거 재미는 있어?"

"그냥 호기심에 하는 거지 뭐. 그런데 웃긴 게 뭔지 알아?"

"뭔데?"

"거기 내가 여자 이름으로 해서 여자 캐릭터 가지고 며칠 놀고 있었는데…."

"있었는데?"

"가끔 보던 애가 계속 연락처 물어보고 따라다니는 거 있지."

"낚인 거야?"

"웃긴 게 뭐냐면 전화번호 물어보는 것뿐만이 아니라 이상한 동작이나 제스처 해 달라고 계속 들러붙는 거야. 너 예쁘게 생겼냐고 물으면서 자꾸 만나자고 하지를 않나, 어디 사냐고 묻고…. 그래서 신고했더니 또 다른 캐릭 만들어서 찾아오고 난리도 아니더만."

"아, 진짜? 나도 가서 이상한 짓 한번 해 볼까?"

"같이 해 볼래? 아예 아무 메일이나 만들어서 제대로 놀아 볼까?"

경재와 한준이는 1회용 메일 계정을 만든 후 각각 '제파토'에 가입했다. 먼저 작업을 마친 한준이는 경재가 하는 것을 보더니 웃음을 참지 못했다.

"야, 너 캐릭터 별명이 그게 뭐냐?"

그 캐릭터의 이름은 같은 반 일호 이름 뒤에 말로 담기 힘든 욕설을 붙인 것이었다. 또한 티셔츠 문구도 비슷하게 해 놓은 상태였다.

"나를 화나게 했거든, 감히."

한준이가 웃으며 말했다.

"그럼 오늘 중앙광장에 가서 일 좀 저질러 볼까?"

"그게 뭔데?"

"맵 중에서 가장 크고 사람들 많이 들어오는 맵! 특히 오늘은 자동차회사 시승회하고 공연이 함께 열리는 것 같더라고."

"그래?"

그 말을 듣자 경재도 미소를 지었다. 둘은 제파토에 접속하여 대충 캐릭터를 정한 후 중앙광장 맵으로 이동했다. 중앙광장에는 다른 사람들의 캐릭터들이 여기저기 모여 있었다. 한준이가 웃으며 경재를 바라봤다.

"경재야, 왜 들어오자마자 욕하고 다니냐. 아무한테나 욕하고 다니면 무슨 재미인데?"

그러자 경재가 한 수 가르쳐 준다는 식으로 말했다.

"이렇게 하면 의외로 잘 낚인다니까?"

그 말이 끝나기 무섭게 누군가가 경재에게 욕설을 하며 시비를 걸기 시작했고, 경재는 실실 웃으며 말했다.

"거 봐~!"

경재는 시비를 걸며 노는 한편 상대의 채팅을 계속 신고하면서 이리저리 돌아다녔다.

잠시 후 두 사람은 한 자동차회사의 시승식장에 들어갔다. 자동차 시승식은 공연장 옆쪽에 있었지만, 자동차를 타고 돌아다닐 수 있는 트랙은 벽으로 막아 놓아 지나갈 수 없게 만들어 두었다. 한준이와 경재는 자동차를 하나 골라서 트랙을 돌기 시작했다.

"뭐야? 길은 막혀 있고, 딱히 하는 것도 없잖아. 여기 버그 없어?"

"다른 맵에서 통하는 버그가 있는데 한번 해 볼까?"

한준이가 웃으며 하는 말에 경재는 어떻게 하는 거냐며 재미있어했다. 그러자 한준이가 트랙에 차를 붙이더니 이리저리 움직이기 시작했다. 그러다 어느 순간 벽과 차가 합쳐지는 듯 보이더니 검은 화면과 투명한 바닥면이 되면서 벽을 뚫고 튀어나왔다.

"와, 됐다!!"

한준이와 경재가 손뼉을 치며 좋아했다. 두 사람의 캐릭터가 탄 차는 공연장으로 달려갔다. 공연장에는 공연을 시작한 한 무리의 캐릭터들과 이를 구경하는 캐릭터들이 있었다.

"자, 다 깔아뭉개자."

하지만 생각처럼 되지는 않았다. 차가 지나갈 때 통과를 할 뿐 딱히 다른 효과가 나오지는 않았기 때문이었다. 그러나 캐릭터가 데리고 있는 애완동물들은 차에 반응하여 그림이 깨지거나 사라지는 것이 보였다. 이것을 본 경재는 애완동물들만 노리자고 말하면서 공연장을 휘젓기 시작했다. 그리고 공연을 방해하기 위해 경적을 마구 울려댔다.

"저기 강아지하고 고양이 있다. 돌격!"

채팅창에는 금세 엄청난 욕설과 비난이 쏟아졌다. 그걸 보며 한준이와 경재는 더 신나서 킥킥거리기 시작했다. 경적과 이리저리 마구 휘젓고 다니는 자동차로 인해 공연도 멈추었다.

두 아이는 신나게 중앙광장을 휘저었다. 제파토에서 강제 탈퇴를 당하기 전까지….

함께 생각해 봐요

1. 한준이와 경재가 제파토에서 한 행동을 보고 어떤 기분이 드나요? 왜 그런 기분이 들었나요?

2. 한준이와 경재가 온라인에서 한 행동은 올바른 것인가요? 왜 그렇게 생각하나요?

3. 실제 삶에서의 행동과 온라인에서의 행동은 차이가 있나요? 왜 그렇게 생각하나요?

4. 현실에서 피해를 입는 것과 온라인에서 피해를 입는 것 사이에는 차이가 있나요? 왜 그렇게 생각하나요?

5. 현실에서는 할 수 없는 장난을 온라인에서 해 본 적이 있나요? 그러한 장난을 온라인에서 하기 더 쉬운 까닭은 무엇일까요?

6. 가상공간의 환경이 현실과 더욱 가까워질수록 이러한 장난이나 해를 가하는 일은 어떤 의미를 지니게 될까요? 그리고 온라인에서의 커뮤니케이션은 성격이나 인격에 어떤 영향을 끼치나요?

함께 읽는 어른들에게

AI 기술은 인간과 기계의 관계를 재편하고 있습니다. 가상현실, 4차 산업혁명, 인공지능AI, 사물인터넷IoT, 로봇공학, 무인 운송 수단, 클라우드 컴퓨팅, 가상현실, 초연결사회 등은 현재 우리가 살고 있는 시대를 잘 대변하는 용어들입니다.

2005년 호주의 사회학자, 미래학자, 인구통계학자인 마크 맥크린들Mark McCrindle과 그의 연구팀은 설문조사 연구를 통해 '알파세대generation alpha'를 창시했습니다.

알파세대는 통상 2010년 이후 탄생한 세대로 스마트폰과 디지털 세계의 직접적인 영향을 받고 전 세계적으로 연결된 세대라 할 수 있습니다. 모바일을 우선적으로 사용하고 최신 트렌드에 민감하며 이색적인 경험을 추구하는 특징을 지니고 있습니다.

알파세대 아이들은 키즈 유튜버, AI가 제공하는 키즈 콘텐츠, 스트리밍 서비스 등 비대면 디지털 놀이 문화에 익숙합니다. 이들은 앱 기반 플레이, 글보다 영상 선호, 더 짧은 집중 시간 및 디지털 리터러시 부족과 사회성 결핍을 보이기도 합니다. 그렇다면 전자기기를 활용한 디지털 놀이 환경이 아이들의 정서적 및 사회적 발달에 어떠한 영향을 미칠까요?

먼저 알파세대의 연령 특성을 생각할 필요가 있습니다. 1990년대

중반 출생한 세대를 Z세대로 명명했다면, 최근 어느 세대보다 디지털에 특화된 세대로 등장한 것은 알파세대입니다. 연령으로는 10세 혹은 12세 이하의 아이들로 생각할 수 있으며, 학교 급별로 본다면 초등학교 이하의 아이들입니다.

다음으로 생각할 것은 초등학교 이하 아이들의 발달 특성, 특히 뇌 발달 과정 중 정서적, 사회적 발달에 관한 것입니다. 아동의 사회적 발달에서 정서 및 감정 조절은 변연 부위의 전두엽 피질인 전대상회 ACC가 핵심 뇌 영역으로 명시됩니다. 감정 조절에서 연령이 높을수록 ACC 배측의 '인지' 관련 영역이 우선적으로 작용하는 반면, 연령이 낮을수록 복측 '정서' 연계 범위가 먼저 관여하는 것으로 나타났습니다.

이것은 알파세대가 보다 직접적이고 시각화된 디지털 자극에 매우 민감하게 반응하고 이를 선호한다는 것을 보여 줍니다. 뇌 발달 측면에서 알파세대의 연령 시기는 전전두피질prefrontal cortex의 발생과 조절에 영향을 미치는 뇌 부위가 구조적, 기능적 발달을 겪는 시기입니다.

따라서 비대면 디지털 문화에 익숙한 알파세대에게 전자기기를 활용한 놀이 및 교육 문화는 이들에게 선호되는 매우 친근한 환경이라고 할 수 있습니다. 하지만 정서 및 사회적 발달에서 깊이 있는 공감 발달을 저해하고 피상적 인간관계 형성을 촉진할 수 있습니다.

그렇기에 시대의 흐름에 따라 디지털 놀이 환경의 영향력이 커질수록 공감 발달과 피상적 인간관계 형성에 대한 문제점이 발생합니다.

이에 따라 해결책 마련을 위한 노력이 특히 교육에서 부각되며, 그 필요성도 함께 커질 것입니다.

아이들의 세대 특성을 고려한다는 것은 이러한 특징의 장단점을 유념하여 지도해야 함을 의미합니다. 그러므로 본 에피소드를 아이들과 함께 읽고 이야기 나누면서 이러한 점들에 관해 토의해 보기를 바랍니다.

AI가 그런 것도 모르다니, 멍청하기는!
인공지능과 인격적 상호작용의 필요성

경재가 오랜만에 한준이네 집에 놀러 갔다. 현관문을 열고 집 안에 들어서자 고급스럽고 호화로워 보이는 가구와 인테리어가 눈에 띄었다. 특히 이전에 못 보던 스피커가 눈에 들어왔다.

"저거 뭐냐?"

"아, 저거? AI 스피커."

"그래? 어떻게 하는 건데?"

그러자 한준이가 능숙하게 작동법을 보여 주었다.

"헬로우, 체이!"

그러자 스피커에서 불이 깜빡이더니 곧장 응답했다.

"네!"

"오늘 날씨는?"

"오늘 날씨는⋯."

평범한 내용에 별 감흥이 없었던 경재가 다시 물었다.

"스마트폰에 있는 거랑 별반 차이 없는데?"

그러자 한준이가 웃으며 말했다.

"그 정도로 끝나면 섭섭하지. 체이는 대화 패턴을 학습하면서 성장한다고 하던데?"

"그래? 그럼 내가 말하면 기계도 학습하는 거야?"

"그렇지. 그게 스마트폰이랑 차이점이라고 하더라고."

신기해하던 경재는 곧 한준이와 함께 숙제를 시작했다. 문제를 풀다 궁금한 것이 생긴 한준이가 스피커를 향해 질문했다.

"체이! 지행일치가 뭐야?"

"지행일치는⋯."

한준이가 하는 것을 보자 호기심이 생긴 경재도 아무 질문이나 던져 보았다.

"체이, 윤리적 감수성이 뭐야?"

"잘못 알아들었습니다."

"체이! 윤리적 감수성이 뭐냐고!"

"죄송합니다. 알지 못합니다."

"바보 아냐? 그런 것도 모르다니…. 멍청하기는. 닥쳐!"

그러자 스피커에서 답이 흘러나왔다.

"고운 말을 사용해 주세요."

"뭐야? 이 멍청이는!"

"바른 말을 사용해 주세요."

"할 줄 아는 것도 없는 게 반항이냐! ×××!"

"…."

AI 스피커가 더 이상 대답을 하지 않자, 경재는 스피커에 대고 나쁜 말과 욕설을 계속 떠들어 댔다. 그러자 한준이가 웃으며 경재를 말렸다.

"야, 우리 집 스피커가 욕 배우면 어떡하려고 그래?"

"아, 진짜…. 너네 부모님이 질문했는데 욕부터 하면 그것도 재미있겠네."

"한번 해 볼까? 부모님 오기 전에 리셋하면 되니까…."

한참 소리 내어 웃던 둘은 숙제를 하다 말고 스피커에게 갖은 욕설을 퍼붓기 시작했다.

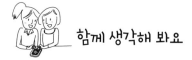

함께 생각해 봐요

1. 한준이네 집에서 인공지능형 개인비서인 체이를 처음 접했을 때, 경재는 어떤 마음이 들었을까요?

2. 경재와 한준이는 AI 스피커를 어떻게 대하고 있나요? AI 스피커에게 거친 말을 쏟아내는 것은 윤리적이거나 혹은 윤리적이지 않은 행동일까요? 왜 그렇게 생각하나요?

3. 만약 내가 AI 스피커를 대하게 된다면 어떻게 대화하고 싶은가요? AI 스피커를 어떤 대상으로 생각하나요? 그렇게 생각하는 이유는 무엇인가요?

4. 가정에 AI 스피커와 같은 생활 제품이 있나요? 어떤 것들이 있나요? 이러한 것들을 대하는 나의 태도는 어떤가요? 또 어떻게 대해야 한다고 생각하나요? 그것은 윤리적인가요? 왜 그러한가요?

5. AI 로봇을 상상해 봅시다. 가정이나 학교에 나를 돕는 AI 로봇 도우미가 있다고 가정할 때, 이를 어떠한 태도로 대해야 한다고 생각하나요? 왜 그러한가요?

6. AI 로봇도 인간과 마찬가지로 권리와 존엄성을 지니고 있을까요?
또는 그래야 한다고 생각하나요? 왜 그렇게 생각하나요?

함께 읽는 어른들에게

본 에피소드는 아이들이 음성인식 비서와 같은 첨단 기술에 매몰되지 않도록 먼저 이에 대한 교육적 접근이 필요함을 함축하고 있습니다.

음성 AI 비서는 인공지능형 개인비서intelligent personal assistant, IPA 소프트웨어로, 현대 사회에서는 하나의 트렌드입니다. 음성인식 기술과 클라우드 기반 AI 기술이 활용되면서 인공지능 스피커는 많은 발전을 했습니다. 애플의 시리Siri, 삼성의 빅스비Bixby, 구글 어시스턴트 Google Assistant, 아마존의 알렉사Alexa 등 우리 주변에는 이미 여러 종류의 AI 음성인식 비서가 존재합니다.

생활만이 아니라 코로나19로 촉발된 비대면 교육을 계기로 미디어, 가상현실, 증강현실 등의 기술은 교육 현장에서 에듀테크edu-tech 로 자리 잡았습니다. 가정에서도 에듀테크의 교육 활용에 관심을 가지는 부모님들이 증가하고 있습니다. 그러나 본 에피소드에서 다룬 것과 같이 아이들을 대상으로 하는 AI의 교육적 적용에는 주의해야 할 점이 있습니다.

AI를 활용한 에듀테크의 장점은 아이들의 개별 상황을 진단하고 적절한 맞춤형 피드백을 제공하는 등 개인의 특성에 적합하고 차별화된 학습 콘텐츠를 제공한다는 점에 있습니다. 이 때문에 학교와 가정에서 AI 기술 기반의 교육용 기기나 애플리케이션에 관심을 둡니다. 그러나 이 교육의 대상이 인간이라는 점에서 AIEd^{artificial intelligence in education}, 즉 교육에서 인공지능의 적용은 필연적으로 윤리적 성찰을 요구하며 이에 대한 면밀한 검토가 필요하다는 점을 기억해야 합니다.

교사와 부모님들은 새로운 기술이 어떤 식으로든 아이들에게 피해를 주는 것을 원하지 않을 것입니다. 그러나 새로운 기술에 대한 위험은 우리의 예상보다 클 수 있습니다. 특히 학생들의 인격 형성에 지대한 악영향을 줄 수도 있다는 점을 잊어서는 안 될 것입니다.

학교나 가정에서는 AIEd를 사용하는 데 있어 이것이 가져올 부정적, 긍정적 결과들을 신중하고 면밀하게 살펴보고 추적할 필요가 있습니다. AI 비서가 아이들에게 줄 수 있는 영향과 본 에피소드와 같이 윤리적으로 고려해야 할 문제가 결코 간과되어서는 안 될 것입니다.

가정과 학교에서의 교육이 인지적 측면에만 치중되고 인격적 상호작용은 경시한다면 아이들은 인격 형성 과정에 심각한 타격을 입게 될지도 모릅니다. 동시에 이후 AI 시대 환경에서 그 문제점이 더욱 강화되면 사회적 곤란으로 이어질 가능성이 큽니다. 이 때문에 가정과 학교에서는 아이들이 신기술이나 새로운 콘텐츠를 접할 때 어떠한 자세와 태도를 상호작용해야 하는지 스스로 고민하고 올바른 인식을 형성하도록 교육하는 과정을 소홀히 하면 안 될 것입니다.

고양이들한테 밥 주지 말라고 했잖아요

이해관계의 충돌

매미가 시끄럽게 우는 한여름, 미술 수업을 마친 소미는 얼굴의 땀을 연신 닦으며 집으로 돌아가고 있다. 여름이면 가로수가 없어 땡볕이 그대로 내리쬐는 걷기 힘든 길이다. 그러나 소미는 따가운 햇볕에도 아랑곳없이 콧노래를 흥얼거리며 발걸음을 내딛었다.

소미가 미술 수업을 받게 된 건 지난봄 복지센터 선생님의 연락 덕분이었다. 용기도 나지 않았고 동생을 돌보는 일도 중요했지만, 항상 부러웠던 것은 학원에 다니며 뭔가 배우는 아이들이었다. 아니, 어쩌면 방과 후에도 다른 사람들과 만나는 것이었을지도 모른다.

미술 교습소를 다니기 시작하며 처음에는 어색했지만, 시간이 지나면서 차츰 친숙해졌다. 소미는 무언가를 그리고 만들면서 그동안 마음 깊숙이 담아 두었던 답답함이 조금씩 풀리는 느낌을 받았다. 무엇인가 시간을 보낼 수 있는 일이 있다는 것이 얼마나 소중한지 소미는 새삼 깨닫게 되었다.

가로수 없는 길을 한참 지나 신축 아파트 단지로 들어섰다. 얼마 전 이 아파트에서 단지 내 길을 개방해 준 덕분에 소미는 집에 갈 때 멀찍이 돌아서 갈 필요가 없어졌다. 소미는 이를 매우 고맙게 생각했다. 듣기로는 아파트 주민 중에 통행로 개방에 불만이 큰 사람들이 있다고 했다. 하지만 소미는 단지 지나가기만 하니까 그래도 덜 미안해 해도 되지 않을까 생각했다.

집 쪽으로 가는 출입구는 지상 주차장 모퉁이를 돌아서 나가야 했다. 그런데 주차장 한편에서 사람들이 실랑이를 하고 있었다. 눈길을 돌려보니 한 아주머니와 그 사람을 둘러싼 몇몇 사람들 사이에 옥신각신 다툼이 일어난 듯했다.

"고양이들한테 밥 주지 말라고 방송했잖아요."

"맞아요. 고양이를 그렇게 키우고 싶으면 집에서 키우면 되지, 왜 여기까지 고양이들을 불러들이고 있어?"

"아니, 동물 사랑도 몰라요? 다들 정서가 메말랐어."

"그러니까 키우려면 당신 집에서나 키우라고요. 고양이한테 참치

캔 주려면 당신 차 앞에다가 놓고!"

"정말 너무하네. 당신이 끌어들인 고양이들이 차에 흠집 내고, 여기저기 배설물도 싸고, 그것 때문에 냄새도 진동해요."

주민들의 불만은 꽤 오랫동안 쌓인 건지, 정말 끊임없이 항의하고 있었다.

"저 귀여운 고양이들이 불쌍하지도 않아요? 나 같은 착한 사람이나 돌보아 주는 거지, 비정한 사람들은 거들떠보지도 않아요."

사람들의 항의에도 아랑곳하지 않던 그 아주머니는 다른 사람들을 무시하고 그대로 집으로 돌아갔다. 한두 마디씩 더 하던 다른 사람들도 모두 각자 갈 길을 가는 모습이었다. 소미는 바닥에 덩그러니 놓인 참치캔을 바라보았다.

그때 누군가 그 고양이 아주머니를 불렀다.

"엄마!"

귀에 익은 목소리였다. 소미가 깜짝 놀라 고개를 돌려보니 같은 반 주앙이가 보였다. 순간 주앙이의 눈과 소미의 눈이 마주쳤지만, 둘은 서로를 못 본 척했다. 소미는 문득 동생 얼굴에 상처가 났던 일을 떠올렸다.

주앙이가 웃는 얼굴로 자기 엄마에게 무언가를 중얼거렸다. 주앙이 엄마와 주앙이는 소미 쪽을 잠시 보다가 고개를 휙 돌리고 공동현관을 향해 걸었다. 곧 주앙이 엄마가 큰 목소리로 말하는 게 들려왔다.

"다음 주민회의 때는 외부인들 아파트에 못 들어오게 막자고 해야 겠다. 외지인들 때문에 동네 지저분해지고 물도 흐리니, 원!"

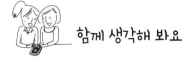

함께 생각해 봐요

1. 주차장 한편에서 집 없는 고양이들에게 먹이를 주는 주앙이 엄마의 행동은 올바른가요? 왜 그렇게 생각하나요?

2. 고양이들에게 먹이를 주는 주앙이 엄마에게 항의하는 주민들은 정당한가요? 왜 그렇게 생각하나요?

3. 나는 주앙이 엄마와 이에 항의하는 주민 중 어느 쪽에 속할까요? 왜 그러한가요?

4. 동물 사랑을 외치는 아주머니가 소미를 대하는 태도를 보며 느껴지는 괴리감(동떨어진 것처럼 느껴지는 감정)은 무엇인가요? 어떤 기분이 드나요?

5. 길고양이나 집 없는 동물에 대해 나는 어떤 생각과 태도를 가지고 있으며, 어떻게 행동하고 있나요? 그 이유는 무엇인가요?

6. 본 에피소드의 상황이라면 길고양이를 어떻게 해야 한다고 생각하나요? 그 이유는 무엇인가요? 사회적 대응과 최선책을 개인 차원, 가

족 차원, 동네 차원 그리고 사회 차원으로 나누어서 생각해 봅시다.

7. 아파트 통행로의 개방으로 소미는 어떤 혜택을 얻고 있나요? 그리고 주앙이 엄마의 말을 들은 소미는 어떤 기분일까요? 내가 만약 소미라면 어떤 기분이 들까요? 왜 그러한 마음이 들까요?

8. 만약 통행로 개방으로 인해 아파트 주민들이 피해를 받고 있다면 (쓰레기를 함부로 버리거나, 시설을 망가뜨리는 등) 그 주민들은 어떤 기분이 들까요? 만약 그런 상황이라면 나는 아파트 통행로 개방에 찬성할 것인가요?

9. 주앙이 엄마는 도덕적이지 않은 사람일까요? 특히 1번 문제와 연결 지어 볼 때 어떻게 생각하나요? 왜 그렇게 생각하나요?

10. 주앙이 엄마와 같은 언행을 보이는 사람을 경험한 적이 있나요? 그 사람을 묘사해 보고 그(그녀)에 대한 나의 심정은 어떤지 이야기 나누어 봅시다.

11. 주앙이 엄마와 같은 언행이 사회적 합의에 어떠한 영향을 미칠지 생각해 봅시다. 특히 공정한 사회와 관련해서 생각해 볼 때 어떤 일이 벌어질 것 같나요?

함께 읽는 어른들에게

나 → 가족 → 친구, 학교 → 사회, 국가 → 세계로 이어지는 확장에 있어서 가족과 사회로의 관계성 확대와 그 조화를 위한 기초 연습은 인격 형성에 매우 중요합니다. 그리고 이를 위한 기준과 근거는 도덕적인 기반에서 이루어져야 합니다.

아이들이 '나 - 가족 - 사회 - 세계'로 이어지는 가치 관계 확대에 있어 이웃과의 관계에서 어떠한 태도를 지니는 것이 바람직한지 함께 고민해 보기를 바랍니다. 어른들의 시각과 아이들의 시각의 차이도 비교해 보기를 바랍니다.

이해관계의 충돌, 특히 사람이 아닌 동물로 그 범위를 확대하여 아이들이 '나 - 가정 - 이웃 - 사회 - 국가 - 자연'에까지 생각의 폭을 넓힐 수 있도록 격려하기를 바랍니다.

에피소드 10

우리 개는 안 물어요!

이중잣대

동물 사랑이 각별한 주앙이 엄마는 오늘도 반려견 예삐를 데리고 산책 나갈 준비를 하고 있었다. 한동안 산책을 못 했던 예삐는 산책을 준비하고 있다는 것을 눈치채고 문 앞에서 꼬리를 흔들며 짖어대고 있었다.

"아이고, 우리 예삐. 나간다니까 좋아서 어쩔 줄 모르네!"

처음 데려올 때만 해도 조그맣던 강아지는 어느덧 중형견이 되었다. 어릴 때 태우고 다니던 유모차는 좁아보였고, 목줄을 해야 할 시기도 지났다. 그러나 엄마는 착한 예삐가 문제를 일으키지 않을 것이며, 마음껏 뛰어다니지 못하는 것이 불쌍하다는 생각에 조금 더 지난 후에 하기로 마음먹었다. 사실 목줄을 몇 번 시도해 본 적이 있지만, 몸집도 커지고 익숙하지 않아서인지 거세게 반항해 애를 많이 먹었다. 또, 그렇게 싫어하는 모습이 너무나 안쓰러워 보였다.

그런데 너무나 신난 예삐가 문 앞 재활용품을 모아둔 곳을 밟아 무너뜨렸다. 그곳에서 두부를 포장했던 플라스틱 케이스가 떨어져 나왔다. 순간 엄마의 미간이 찌푸려졌다.

"하여간 이 아줌마, 정말 바꾸던가 해야지. 어제 일을 깔끔하게 마무리 안 하고 그냥 갔네."

잔뜩 짜증 난 목소리와 함께 엄마는 플라스틱 케이스를 손에 쥔 채 주앙이를 재촉했다. 강아지를 산책시키러 나가면서 재활용 쓰레기를 버릴 참이었다.

"주앙아, 빨리 나와! 예삐 산책시키게!"

두 모녀와 강아지는 집을 나와 엘리베이터를 탔다. 그런데 주앙이가 예삐를 아직 유모차에 태우지 않아 강아지는 엘리베이터를 기웃거리며 냄새를 맡고 있었다.

"유모차에 태워야지. 누가 보면 뭐라고 할 텐데."

그러자 주앙이가 말했다.

"누가 타면 그때 태울게…."

그때 여기저기 킁킁대며 냄새를 맡던 예삐가 한구석에서 소변을 보기 시작했다. 엘리베이터 바닥에 소변이 흐르기 시작했고, 이를 본 엄마는 급히 손에 들고 있던 플라스틱 케이스를 예삐 아래에 두었다.

"오늘 왜 이럴까, 얘가…."

단순히 영역 표시를 한 정도를 넘어서 그런지 소변 양도 많았다. 난처한 얼굴의 주앙이가 엄마를 바라보았다.

"이거 어떻게 해?"

엘리베이터 안에 소변 냄새가 진동하고 있었다. 엄마가 별다른 표정 변화 없이 말했다.

"똥이야 치우긴 하지만, 소변은 우리가 어쩔 수 없잖아."

엘리베이터가 1층에 거의 다 내려오자 주앙이는 소변이 담긴 플라스틱 케이스를 어떻게 하냐고 다시 물었다.

"어떻게 하긴, 여기 청소하는 사람이 치우겠지. 그렇게 하라고 관리 사무소 있는 거고, 관리비 내는 거 아니겠어?"

별일 아니라는 듯이 두 모녀는 밖으로 나왔다.

주앙이가 예삐를 유모차에 태우자 엄마가 뒤에서 밀기 시작했다. 주앙이는 자꾸 발버둥 치는 예삐를 손으로 막아서며 아파트 주변부터 산책하기 시작했다.

놀이터에는 아이들뿐만 아니라 강아지들을 데리고 다니는 사람들도 많이 있었다. 뛰어노는 아이들의 소리에 같이 흥분했는지 예삐가 머리와 꼬리를 흔들며 뛰어나가려 했다. 주앙이와 엄마는 "안 돼!"라는 말만 반복하고 있었다.

그때였다. 놀이터 건너편에 강아지를 안고 있는 아이들이 보이는 순간 예삐가 잽싸게 앞으로 튀어 나갔다. 갑자기 뛰어든 예삐 때문에 놀란 아이들이 지른 외마디 비명이 순식간에 사방으로 퍼졌다. 특히 강아지를 안고 놀던 아이들이 예삐를 피하려고 뛰었지만, 아이들 걸음으로 도망가기에는 예삐가 너무 빨랐다.

다행히 아이들의 보호자로 보이는 어른이 나와 예삐 앞을 막아서며 위협적인 소리와 행동을 취했다. 예삐가 놀라며 급히 자기 주인을 찾아 이리저리 뛰었다. 주앙이가 예삐를 잡는 동안 아이들을 보호했던 어른이 주앙이 엄마에게 한마디 했다.

"아니, 개 목줄도 안 하고 뭐하시는 겁니까? 그리고 놀이터에는 개들 못 들어오게 하는 거 몰라요?"

그러자 주앙이 엄마가 당당하게 소리쳤다.

"우리 개는 안 물어요! 얼마나 착한 앤데!"

상대방이 어이없다는 표정을 지었지만, 주앙이 엄마는 오히려 반문했다.

"그리고 개한테 발길질이라니…. 그거 동물 학대예요. 동물 권리도 몰라요?!"

예삐를 진정시켜 유모차에 태운 주앙이와 엄마는 아이들을 위로하며 화를 참는 상대방을 뒤로한 채 다시 산책을 계속했다.

1. 주앙이 엄마의 "우리 개는 안 물어요! 얼마나 착한 앤데!"라는 말을 들은 상대방은 어떤 심정일까요? 왜 그렇다고 생각하나요? 주앙이 엄마의 이 말은 합당한가요? 왜 그렇게 생각하나요?

2. 아파트 주민의 "아니, 개 목줄도 안 하고 뭐하시는 겁니까? 그리고 놀이터에는 개들 못 들어오게 하는 거 몰라요?"라는 말은 정당한가요? 왜 그렇게 생각하나요? 내가 사는 곳은 어떤가요?

3. 주앙이와 엄마의 어떠한 점들이 잘못된 것일까요? 이들은 왜 그러한 언행을 보이는 것일까요? 그렇게 생각하는 이유는 무엇인가요?

4. 주앙이 엄마는 예쁘를 놀이터에서 산책시키며 어떤 마음을 가지고 있나요? 그러한 마음가짐과 행동은 올바른가요? 왜 그렇게 생각하나요?

5. 만약 나라면 주앙이 엄마와 주앙이의 예쁘에 대한 태도에 대해 무엇이라고 충고해 주고 싶은가요? 왜 그렇게 말하고 싶은가요?

6. 주변에서 주앙이 엄마나 주앙이와 같은 언행을 보이는 사람을 본 적이 있나요? 어떤 때이고, 그때 나의 기분은 어떠했나요? 당시 느꼈던 그 기분은 정당한가요? 왜 그렇게 생각하나요?

7. 에피소드 9 「고양이들한테 밥 주지 말라고 했잖아요」와 연결 지어 생각해 봅시다. 반려동물에 대한 제한에 관해 어떻게 생각하나요?

8. 『동물해방Animal Liberation』의 저자인 철학자 피터 싱어Peter Singer는 인간에게 권리가 있듯이 동물에게도 권리가 있다고 했습니다. 그는 인간이나 동물처럼 고통을 느끼는 존재는 도덕적 지위가 있고 함부로 대해서는 안 된다고 주장했습니다. 피터 싱어의 생각에 동의하나요? 그 이유는 무엇인가요?

함께 읽는 어른들에게

"잘되면 제 탓 못되면 조상 탓"이라는 속담이 있습니다. 우리는 주변에서 소위 "나는 괜찮아!"라는 생각과 태도를 보이는 사람들을 많이 목격합니다. 예를 들면, 쓰레기 분리수거를 제대로 하지 않거나, 지켜야 할 공공질서를 지키지 않으면서도 이러한 자신의 행위는 별로 문제되지 않는다고 생각하는 사람들입니다.

오스트리아의 심리학자 프리츠 하이더Fritz Heider는 행위자-관찰자 귀인편향attribution bias을 이야기했습니다. 귀인이란 사람들의 특정한 행동에 대해 여러 가지 원인 중 어떤 원인을 그 행동에 귀속시켜야할지 추론하고 결정하는 과정을 말합니다. 이 개념은 사람들이 행위자로서 자신의 행동 원인을 귀인할 때와 타인의 행동을 관찰자로서 귀인할 때 차별적인 경향을 보이는 편향을 설명합니다.

예를 들어 어떤 잘못된 행위가 발생했을 때 자신과 관련해서는 자신의 행동은 그럴 만한 상황 때문으로 변명하는 반면, 동일한 타인의 행동은 타인의 내적 요소에 의한 것이라고 비난하는 것을 들 수 있습니다.

아이들뿐만 아니라 어른들도 이러한 귀인 편향의 심리적 경향을 갖고 있습니다. 이번 에피소드에서 자신의 모습, 태도, 자세, 언행을 객관적으로 평가하지 않는 귀인편향의 전형을 볼 수 있습니다. 아이들이 주변의 사람들뿐만 아니라 자기 자신에 대해서도 객관적으로 평가할 수 있는 연습과 훈련을 할 수 있도록 기회를 제공해 주시기 바랍니다.

아래층에서 시끄럽다고 민원이 들어왔는데요?

층간소음 문제

"으애~앵~~~~ 으앵~~~!!"

한밤 중 들리는 아기 울음소리에 영서는 소스라치게 놀랐다. 그 소리에 윗집에서도 개가 맹렬히 짓는 소리가 벽을 타고 들려왔다. 영서가 쪼르르 거실로 달려가 텔레비전을 보고 있던 엄마를 찾았다.

"엄마, 엄마! 이상한 소리가 들려."

"무슨 소리?"

"들어 봐봐, 내 방에서"

영서는 엄마 손을 붙잡고 자기 방으로 들어왔다. 영서 방에서는 아기 울음소리와 개가 놀라 짖는 소리가 웅웅거리는 진동과 함께 울리고 있었다.

"아~ 이거 수고양이 울음소리야."

엄마가 대수롭지 않게 말했다. 하지만 엄마는 고양이 소리보다는 개 짖는 소리가 더 신경 쓰이는 듯했다.

"사람들이 개 짖는 소리 때문에 계속 뭐라고 한다던데 시끄럽긴 하네."

"그래서 어떻게 한대?"

"뭐 노력은 한다고 하는데, 결국 안 되면 성대 제거 수술한다고…."

엄마의 말에 영서가 말했다.

"그냥 훈련시키는 게 낫지 않겠어? 차라리 키울 여건이 안 되면 안 키워야 하는 거 아닐까?"

"잘 되길 바라야지, 뭐. 시간 지나면 해결될 수도 있으니까. 뭐든 시간이 걸려. 너도 어렸을 때 집에서 뛰어다니면 마음이 조마조마할 때가 있었거든."

"그래? 나도 그랬어?"

"넌 그나마 덜했는데…. 아무튼 그때 아래층 사시던 분들이 애들은 다 그렇다고 이해해 줘서 고마웠지."

"아래층 할아버지 할머니는 이사 가셨지?"

"자녀들하고 함께 사신다고 팔고 가셨지. 벌써 1년 지났나?"

개가 짖는 소리는 시간이 지나 멈추긴 했지만, 시끄러운 것은 어쩔 수 없었다. 그래도 영서는 잠을 청해 보았다.

　다음 날 아침, 주말이었지만 밖에서는 새벽부터 비가 줄기차게 오고 있었다. 엄마는 영서에게 심부름을 하나 시켰다.

　"영서야, 너 저 재활용품 좀 버리고 와."

　하지만 영서는 난처한 표정을 지었다.

　"지금 비 와서 나가기 그런데…. 이따 비 그치면 그때 버릴게."

　"그럼 그러던가."

　아침식사를 마치고 이를 닦던 영서가 갑자기 엄마에게 소리쳤다.

　"엄마! 화장실에서 담배 냄새 올라와!"

　"하…. 비 오니까 또 집에서 담배 피는 사람이 있나 보네. 관리 사무소에다 말해야지, 뭐."

　"아랫집이야?"

　"몰라. 담배 냄새는 윗집이든 아랫집이든 피면 다 퍼지는 거라 딱히 누구 네라고 말할 수 없거든."

　"담배 피지 말라고 화장실에서 소리칠까?"

　"소용없지 않을까?"

　영서는 화장실 문을 닫고 환풍기를 켜는 걸로 만족해야 했다.

　그래도 주말이라 집 안 정리가 간단히 끝나자 엄마가 피아노를 치기 시작했다. 피아노는 엄마의 몇 안 되는 취미 생활 중 하나였다. 엄마가 음대를 나온 것은 아니었지만, 취미로 꾸준히 노력해 왔기 때문에 누구 못지않은 실력이었다.

딩동댕동 딩동딩동 또로로~

피아노 친 지 10분 정도 지났을까, 인터폰이 울렸다. 엄마는 자리에서 일어나 인터폰을 받았다.

"관리 사무소인데요."

"네에."

"아랫집에서 피아노 소리 시끄럽다고 민원이 들어왔는데요?"

"지금 낮인데요?"

"아래층에서 계속 시끄럽다고 민원이 들어와서요."

"맨날 치는 것도 아니고 며칠 걸러서 치는 거고…. 지금도 피아노 친 지 10분도 채 안 지났는데 너무한 거 아닌가요?"

그러자 인터폰에서 다른 목소리가 들려왔다.

"내가 말했잖아. 아래층이 뭐라해도 어떻게 할 수 없는데 왜 굳이 호출을 해!"

엄마는 그와 상관없이 항변하고 있었다.

"저녁 시간도 아니고 낮 시간, 그것도 짧은 시간 간간이 치는 게 왜 문제되는지 모르겠네요? 하루 종일 치는 것도 아니고."

인터폰으로 호출한 사람은 살짝 물러선 모양이었다.

"아니, 아래층 분들이 불만을 제기하셔서…."

"그렇잖아요. 아파트 방송에서 삼가해 달라는 거 다 안 하고 그나마 피해 안 주는 시간에 적당히 하는데 그것까지 뭐라고 하시면 그냥 아무것도 하지 말라는 거잖아요!"

인터폰 호출을 한 관리인은 그때서야 비로소 알았다며 인터폰을 끊었다. 엄마는 다시 자리에 가 피아노를 치기 시작했다.

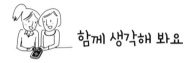
함께 생각해 봐요

1. 우리 집에서도 충간소음으로 불편을 겪은 적이 있었나요? 언제 발생한 어떤 소음 때문이었나요? 그때 나는 어떤 기분이 들었나요?

2. 우리 집에서 나는 충간소음으로 인해 민원을 받아 본 적이 있나요? 언제, 어떤 상황이었나요? 그때 나는 어떤 기분이었나요?

3. 아이 울음소리에 영서는 어떤 기분이 들었나요? 만약 나라면 어떠했을까요?

4. 낮에 피아노 소리로 민원 인터폰을 받은 영서 엄마는 어떤 기분이었나요? 인터폰에 영서의 엄마는 어떻게 대응했나요? 이러한 반응은 정당한 것인가요?

5. 고양이나 개를 키워 본 적이 있거나 키우고 있나요? 만약 그렇다면 충간소음 문제로 곤란했던 적은 없었나요? 해당되는 경우가 있었다면 어떻게 대처했나요? 그 대처는 올바른가요?

6. 낮 시간 동안의 악기 소리에 대해 민원을 제기한 사람은 정당한 행

위를 한 것인가요? 왜 그렇게 생각하나요? 만약 민원을 제기한 사람의 집에 공부하는 수험생이나 야간 근무를 해서 낮에 잠을 자야만 하는 사람이 있었다면 어떠한가요? 일반적인 경우가 아닌 특별한 경우에는 어떤 식으로 서로 합의 또는 배려하는 것이 도움이 될까요?

7. 공동주택에서 층간 소음의 허용 범위는 어디까지일까요? 구체적인 시간대별, 소음 종류별로 나누어 제시해 봅시다.

8. 만약 공동주택에 살고 있다면 지켜야 할 사항들은 어떤 것이 있는지 나열해 봅시다. 그리고 이것들에 대한 나의 생각을 말해 보세요.

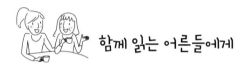

함께 읽는 어른들에게

층간소음은 최근 심각한 사회 문제 중 하나입니다. 공동주택에서 걷거나 뛰는 동작에서 발생하는 소리, 음향기기 사용이나 악기 연주 소리, 개나 고양이의 울음 등 입주자 또는 사용자의 활동으로 인하여 발생하는 소음으로 다른 입주자에게 피해를 주는 것을 흔히 층간소음이라 말합니다. 층간소음 자체가 심한 경우도 많지만 때로는 지나치게 민감한 것도 문제가 됩니다.

아이들은 현재에도 미래에도 공동주택에 거주하고, 거주하게 될 경우가 많습니다. 따라서 공동주택 생활에서 스스로 준수해야 할 사항들이 무엇인지 인식하는 것이 필요합니다. 또한 문제 발생 시 갈등을 현명하게 처리하는 방법도 사전에 배우고 익힐 필요가 있습니다.

아이들은 본 에피소드를 읽고 '함께 생각해 봐요'의 문제들을 다루면서 층간소음이라는 주제에 대해 실제 자신의 삶과 연계하여 깊이 생각하는 계기를 얻게 될 것입니다.

이렇게 남에 대한 배려가 없어서야!

민폐에 대한 올바른 대응

여름방학이 돌아오자 이번에도 민배 엄마는 민배와 동생 서현이를 데리고 외할머니 댁에 내려가는 길이었다. 터미널에서 기다리던 버스가 오자 민배 가족은 줄을 서서 버스에 타기 시작했다. 엄마는 미리 버스 예약을 하길 다행이라며, 좌석이 다 매진되어 자리가 없을 뻔했다고 안도했다. 지정된 좌석 번호를 찾아 엄마와 서현이가 함께 앉고, 민배 혼자 일인용 좌석에 앉았다.

버스에는 계속 사람이 타고 있었다. 자리에 앉자마자 이제 출발할 거라며 전화하는 사람, 스마트폰 게임을 하는 사람, 좌석을 조정하며 잠부터 청하는 사람 등 다양한 모습이었다. 분주한 분위기 속에 민배가 옆자리를 보니 서현이도 같이 흥분했는지 두 발을 차며 노래를 부르고 있었고, 엄마는 누군가와의 깨톡에 집중하고 있었다.

잠시 후 버스가 출발했다. 사람들 대부분은 통화를 끝내고 조용히 자리에 앉아 있었지만, 서현이는 계속 노래를 부르고 있었다. 시간이 얼마나 지났을까. 서현이 앞자리에 있던 사람이 뒤돌아보며 말했다.

"애기야, 미안한데 발로 자리 차는 거 그만했으면 하는구나?"

앞자리 사람은 딱히 화난 표정이 아닌 웃는 표정으로 서현이에게 말했다. 그러나 서현이는 혼나는 줄 알고 엄마 품속으로 얼굴을 묻었다. 깨톡하던 엄마가 놀라며 서현이를 안고는 앞자리 사람에게 죄송하다고 말했다. 그러자 앞자리 사람은 "애기들이 다 그렇죠, 뭐."라고 말하며 다시 앞을 바라봤다.

모르는 어른이 하지 말라고 말한 덕분인지 엄마가 말할 때와 달리 서현이는 어리광이나 떼를 쓰지 않았다. 엄마가 서현이에게 그러면 안 된다고 말하고 있었다. 이 모습을 본 민배는 엄마가 인터넷에서 본 나 몰라라 하는 부모나 자기 아이만 옹호하는 몰지각한 사람이 아니라는 생각에 은근히 자부심 같은 것을 느꼈다. 물론 스마트폰으로 게임을 하려던 민배에게 엄마가 눈치를 주자 은근 참견한다며 신경질을 내긴 했지만….

그런 생각을 하며 창을 통해 바깥 구경을 하던 민배도 어느새 스르르 잠이 들었다.

차가 덜컹하는 느낌과 함께 민배가 잠에서 깼다. 그런데 깨자마자 화들짝 놀랐다. 눈을 떴을 때 긴 머리카락이 민배의 얼굴 앞에 드리워져 있었기 때문이다. 민배는 눈이 동그랗게 된 채 주변을 살폈다. 엄마와 서현이는 잠들었고, 그 주변도 비슷한 상황이었다.

민배의 앞자리 사람은 민배 쪽으로 좌석을 쭉 눕힌 상태였고, 긴 머리카락을 뒷좌석인 민배 쪽으로 모두 넘겨 놓고 있었다. 민배는 엄마에게 말할까 하다가 자기가 해결해 보기로 마음먹었다.

"저…저기요?"

"…."

반응이 없자 민배는 목소리를 살짝 높여 앞자리 사람을 다시 불렀다.

"저기요?"

"…예?"

"저기… 자리 좀 앞으로 해 주시고 머리카락 좀…."

그러자 앞에 있던 사람은 짜증 난다는 표정을 지으며 의자를 살짝 앞으로 바로 세웠다. 하지만 아주 약간만 의자를 앞으로 한 것이고, 머리카락은 아직도 민배 자리에 넘겨져 일렁이고 있었다. 민배는 살짝 신경질이 났지만, 마음을 가다듬고 다시 말했다.

"저기… 자리 좀 앞으로 더 빼 주세요. 그리고 머리카락도 앞으로 해 주세요."

그러자 앞에 있던 사람은 다시 짜증 난 기색을 보이며 의자를 좀 더 앞쪽으로 당겼다. 그러나 정작 머리카락은 여전히 그대로 둔 채였다. 민배는 다시 머리카락을 앞으로 정리해 달라고 말했다.

"아니, 머리카락 앞으로 해서 누우면 스타일 망가진다니깐. 이렇게 남에 대한 배려가 없어서야, 원."

그 말을 한 앞자리 사람은 여전히 머리카락을 그대로 둔 채 다시 잠을 청하려는 듯했다. 이 모습을 본 민배는 무시당했다는 느낌과 함께 괘씸하다는 생각이 강하게 올라오기 시작했다. 하지만 더 이상 할 수 있는 일이 없어 보였다.

뭔가 상대방을 골려 주고 싶은 생각에 민배는 펼쳐져 있는 긴 머리카락을 툭툭 건드리기 시작했다. 그때 에어컨 바람 밑에서 잠을 잤던 탓인지 갑자기 재채기가 나왔다.

"에취!"

입을 막지 않고 재채기를 하는 바람에 콧물과 침이 앞쪽으로 튀고 말았다. 그런데 그 콧물과 침이 민배의 앞을 가리고 있던 머리카락에 잔뜩 묻었다. 그걸 본 민배는 킥킥거리다 어떻게 더 골려 줄까 생각했다.

'머리카락을 가위로 싹둑 자를까?'

하지만 그런 짓은 하면 안 된다고 생각했다.

'어디에 머리카락이 걸린 것처럼 확 잡아당길까?'

하지만 이것도 하면 안 될 것 같았다. 그래서 소심해 보이긴 했지만 살짝 소리 내며 퉤퉤 침을 튀기거나 바람을 불었다. 그러다가 상대방이 알아차리는 듯하면 창밖을 보며 모르는 척했고, 다시 안 보면 똑같은 행동을 반복하면서 숨바꼭질을 하기 시작했다.

어느 순간 앞에 있던 사람이 불쾌한 표정을 지으며 의자를 좀 더 바로 세우고 머리카락을 정리해 앉았다. 민배는 은근히 승리했다는 생각이 들었다. 물론 콧물과 침은 여전히 남아 있었지만 상대방이 못 알아차리면 괜찮지 않겠냐고 생각했다.

어느덧 고속버스는 목적지에 도착했고, 엄마도 잠에서 깨어 칭얼대는 서현이를 천천히 다독이고 있었다.

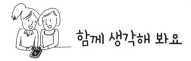
1. 민배는 눈앞에 자리한 긴 머리카락을 보고 어떤 기분이 들었을까요? 내가 민배라면 어떤 기분일까요? 왜 그렇다고 생각하나요?

2. 고속버스나 기차에서 앞자리 사람이 뒤로 머리카락을 늘어뜨린 것과 동일하거나 유사한 경험을 한 적이 있나요? 있다면 언제, 어떤 상황이었나요? 그때 기분은 어땠나요? 그리고 당사자에게 어떻게 대처했나요?

3. 재채기로 상대방의 머리에 콧물과 침을 튀긴 민배의 행동은 올바른가요? 왜 그렇다고 생각하나요?

4. 머리카락을 뒤로 넘긴 앞자리 사람에 대한 적절한 대처는 무엇일까요? 그러한 언행은 바람직한가요? 왜 그렇게 생각하나요?

5. 서현이의 행동에 대한 민배 엄마의 태도는 적합했나요? 왜 그렇다고 생각하나요?

6. 나는 고속버스, 지하철, 기차 등에서 본 에피소드와 유사한 상황을

경험한 적이 있나요? 어떠한 것이었으며 그때 나의 기분과 대응은 무엇이었나요? 그러한 처신은 올바른 것이었나요? 왜 그렇게 생각하나요?

함께 읽는 어른들에게

　우리는 민간에 끼치는 폐해라는 뜻인 '민폐'라는 단어를 종종 사용합니다. 대부분 공공영역에서 다른 사람에게 피해를 주는 상황에 이용합니다.

　타인의 눈살을 찌푸리게 하는 일부 사람들은 자신의 행동이 다른 사람에게 직접적이고 물리적인 피해를 주는 것이 아니므로 문제가 되지 않는다고 변명하기도 합니다. 그러나 극장, 기차, 고속버스 등에서 팔걸이 독점 사용, 공공장소에서의 자리 침범과 같은 행동들은 개인의 사적 공간을 침해하게 된다는 점에서 문제가 됩니다. 공공장소에서 민폐를 저지르는 사람들은 때로 자신의 이익을 위해 타인에게 배려를 강요하며 상대방을 비난하기도 합니다.

　우리는 아이들에게 다음과 같은 예절을 알려 줄 필요가 있습니다. "첫째, 공적 도덕으로써 공공질서 예절은 마땅히 지켜야 할 기본이다. 둘째, 공공장소에서 상대방의 무례한 언행으로 피해를 입게 될 경우 적절하게 대처할 필요가 있다."

　예를 들어 본 에피소드와 같은 상황에서 자칫 사적인 보복을 행하게 되었을 경우, 문제의 해결보다는 오히려 문제를 크게 번지게 할 수 있습니다. 상대방이 아무리 괘씸하더라도 머리카락을 자르거나 의도적으로 오물을 묻히는 행위는 범죄 행위가 될 수도 있기 때문에 이러한 상황에서는 정당한 대처를 위한 자제도 요구됩니다.

　이러한 경우 아이들은 어떻게 갈등 없이 상대방에게 합당하고 분명하게 의사를 전달할 것인지 다양한 의견을 듣고 서로 나누어 보기를 바랍니다. 핵심 사항은 역지사지의 자세와 타인과 더불어 이용하는 공공장소에서 최소한의 공중도덕을 지키는 태도를 지니도록 습관화하는 것입니다. 나아가 이것이 침해되었을 때 적합한 언행을 취하는 것입니다.

가난해도 애들이 잘 컸으니 감사하지

생활 환경과 감사하는 마음

여름방학 동안 민배 가족이 내려와 있는 외할머니 댁은 공기도 좋고 한적했지만, 민배에게는 재미없는 곳이라는 생각이 강했다. 거기다가 응석받이인 어린 동생을 데리고 다녀야 했으므로 민배에게는 여간 번거로운 일이 아닐 수 없었다.

"엄마, 이제 우리랑 같이 살아. 그래야 병원 다니기도 편하고, 내가 옆에 있을 수 있으니까. 애 아빠도 좋다고 했어. 그러니까 부담 가지지 말고."

외할머니는 여전히 손사래를 쳤다. 예전처럼 강하게 싫다고는 하지 않았지만, 그래도 여전히 주저하는 듯했다.

초인종 소리가 들리더니 누군가가 집으로 들어왔다.

"어, 이모 오셨어요? 얘들아, 뭐하니. 이모할머니께 인사드려."

"안녕하세요."

원래 엄마의 이모라 외이모할머니라고 불러야겠지만, 민배나 동생은 그냥 이모할머니라고 불렀다. 외할머니는 이모할머니를 비롯해 친지들이 사는 고향을 떠나는 것이 쉬운 일이 아니라고 했다.

"민배는 이제 다 컸는데 안 데려와도 괜찮지 않아? 학원 같은 데안 다니니? 뉴스 보니까 요즘 애들은 공부하느라 어른보다도 바쁘다고 하드만."

"그래야 되는데 민배 쟤가 놀러 다니는 데 정신이 팔려서 제가 없으면 맨날 땡땡이칠지도 몰라요."

이모할머니는 민배를 바라보며 다시 물었다.

"민배야, 너도 이제 열심히 공부하고 싶잖아. 엄마한테 학원이라도보내 달라고 부탁해 봐."

"공부하기 싫은데…."

"공부가 왜 하기 싫으니. 할머니는 네 나이 때 얼마나 공부하고 싶었는데…."

"거짓말…."

"거짓말 아니란다. 할머니는 두부 장사만 하다가 늙었지만 정말학교에 다니면서 공부하고 싶었어."

그러고 보니 이모할머니가 오실 때마다 맛있는 두부를 잔뜩 먹었던 기억이 났다. 두부부침, 두부조림. 두부김치 등등….

"할머니 두부 공장 해?"

이모할머니가 두부 장사를 했다니까 서현이도 궁금했는지 그렇게 물었다.

"아니. 할머니는 시장에서 노점상을 했단다."

물론 이모할머니도 처음부터 노점상을 하려고 했던 것은 아니라고 했다.

"맞아, 엄마도 어렸을 때 이모할머니에게 놀러 가면 항상 두부 요리 먹었던 것이 생각나. 엄마도 종종 이모 도우러 가서 두부 같이 만들었잖아."

엄마도 옛 생각이 났는지 덩달아 맞장구를 쳤다. 그러면서 그때 보았던 두부 만드는 장면을 조금 설명하기도 했다. 민배는 집에서 두부를 만들어 파는 장면이 상상되지 않았지만, 엄마와 이모할머니 그리고 외할머니에게는 추억이었던 모양이었다.

"그래, 언니는 새벽부터 두부 만들어서 눈이 오나 비가 오나 항상 시장 좌판에서 두부를 팔았지. 그래서 첫째 애 대학 졸업할 때도 장사하느라고 언니가 못 간다고 해서 내가 대신 꽃다발 주러 갔었잖아."

이 말에 두 할머니의 눈시울이 살짝 붉어지기도 했다. 이모할머니가 말씀을 이었다.

"그랬지. 평생 공부 못 한 게 한이 돼서 애들 공부시키려고 노력했는데 정작 애들 졸업식도 제대로 못 갔네."

"할머니는 학교 왜 못 갔는데? 다 가는 거 아냐?"

여동생이 호기심에 질문을 했다.

"아, 할머니 때는 다들 가난했거든."

어른들의 어린 시절은 가난했다고 한다. 그래서 돈이 없어 학교에 못 가는 아이들이 반 이상이었다는 설명이었다.

"그래서 혹시 학교에 가서 놀고 있으면 거기 선생님이 와서 뭐라도 가르쳐 주지 않을까 해서 막내인 네 할머니를 업고 학교 운동장에서 매일 놀기도 했지. 그런데 한 번도 선생님이 나온 적이 없었어. 그땐 얼마나 서운했던지…."

이모할머니나 외할머니나 이유는 알 수 없지만, 옛날이야기를 하면 웃다가도 종종 저리 눈시울을 붉혔다.

외할머니가 어린 외손자들을 위해 설명을 더했다.

"나는 그래도 학교에 다녔는데, 다닌다고 해도 그냥 쉽게 다니는 건 아니었단다."

엄마가 오히려 궁금했는지 질문을 했다.

"왜요? 월사금 못 내서?"

"엄마, 월사금이 뭐야?"

"응, 그때는 학교 다니려면 매달 돈을 내야 했거든. 그걸 월사금이라고 해. 엄마 때는 육성회비라고 따로 내는 돈이 있었고. 그래서? 엄마 월사금 못 구해서 혼났어?"

"월사금 못 내서 부모님 오라고 하거나 집으로 돌려보내는 일들이야 뭐 예삿일이었고…. 월사금 말고 책상에 앉으려면 돈을 또 내야 했거든."

"책상에 앉으려면 돈을 또 내?"

"그래, 그랬단다. 그 돈을 못 내는 애들은 바닥에 앉아서 수업을 들어야 했지."

사실 민배로서는 믿기 힘든 일이었다. 거짓말이 아니냐고 말하고 싶긴 했지만, 너무나 진지하고 서운함과 슬픔이 묻어나는 할머니들 얼굴을 보니 진짜인 듯했다.

추억에 잠겨 있던 민배의 이모할머니가 다시 말씀을 이었다.

"나는 가난하니까 입을 줄이려고 시집을 가야 했지."

"입을 줄여? 입 줄이는 게 뭐야?"

"아, 그건 자식을 결혼시켜서 생활비를 줄이는 것을 말하는 거야. 집에서 밥 먹는 사람 수를 줄인다는 그런 의미고."

여동생을 위해 엄마가 친절히 설명했다.

"그 당시는 흔한 일이었단다. 그래서 어느 선비네 집에 시집가게 됐지. 그런데 그 양반이 맨날 책만 읽어서 어쩔 수 없이 할머니가 생활비를 벌어야 했었어."

"아, 이모가 그래서 두부 만들어서 팔았구나."

"그래. 공부 못 한 게 평생 한이 된 건 그래서지. 입에 풀칠을 해야 하니까. 새벽부터 두부 만들어서 시장에 팔면서 돈을 버는 수밖에 없었어."

"이모할아버지는 정말 아무 일도 안 했어?"

"응. 자기는 선비라면서 그런 일 할 수 없다고 책만 읽었으니까. 애들이 태어나니까 학비랑 식비 때문에 또 벌어야 하고…. 그러니까 더 많이 일해야 했고."

엄마도 그때가 생각이 나는지 장단을 맞추었다.

"그래서 이모네 가면 맨날 두부 요리만 있었구나. 그래도 갓 만든 두부가 정말 맛있었는데…."

"그래도 막내인 너희 외할머니가 있어서 그나마 도움이 많이 되었단다."

"언니, 그래도 애들이 알아서 잘 컸으니 그나마 감사할 일이지."

"그렇지. 다들 일찍이 돈 벌겠다고 상업고등학교 졸업하고, 일하면서 대학들도 다니고…. 이제는 과수원 하는 애도 있고, 그나마 애들이 다 착하게 커서 두부 장사할 동안 그다지 속 썩이는 짓도 안 했으니까."

어른들이 어렵게 살았다고 하면서 뭘 그리 감사하다고 하는지 사실 민배에게는 썩 와 닿지 않았다. 힘들고 어려웠던 기억이라면 생각나는 것조차 싫을 텐데 말이다.

함께 생각해 봐요

　　본 에피소드에서는 경제적으로 성장한 현대에서는 생각지 못할 과거의 배경을 소개했습니다. 이는 단순히 과거를 회상하고자 하는 게 아닙니다. 현재에는 생각하기 힘든 열악한 환경과 차별 등을 보면서 우리가 과거를 어떻게 바라보아야 할지, 그리고 그것이 뜻하는 도덕적 의미는 무엇인지 살펴보아야 합니다. 동시에 현재 우리가 무심코 지나치는 감사할 부분들에 대해서 생각할 수 있습니다.

1. 내가 감사하게 생각하는 것들에는 무엇이 있나요? 왜 우리는 날마다 감사할 내용을 떠올리고, 감사한 마음을 가지고 이를 표현해야 할까요?

2. 민배의 이모할머니는 힘들고 어렵게 살았다고 하면서도 왜 감사하다고 했을까요?

3. 지금 감사할 일들을 떠올려 볼 때 어떤 것들이 떠오르나요?

4. 부모님과 조부모님께서 살아온 환경은 어떠했는지 부모님 그리고 조부모님과 이야기를 나누어 봅시다.

함께 읽는 어른들에게

감사에 대한 이야기를 나누면서 아이들은 사회 전반 및 세대에 걸친 연대 의식과 감사의 마음을 이해하게 됩니다. 본 에피소드를 읽고 아이들에게 선생님, 부모님들이 생활했던 이야기를 들려주세요. 기회가 된다면 조부모님이나 더 연세 많은 어르신의 삶의 기억들도 나누는 시간을 갖기를 바랍니다.

현시대 아이들은 예전 세대보다 훨씬 풍족한 환경에서 생활하고 있습니다. 그렇지만 예전 어려운 시절을 겪었던 세대보다 더 감사하며 산다고 말하기 어렵습니다. 감사는 대단한 무엇인가가 존재할 때만 가질 수 있는 마음은 아닙니다. 우리의 아이들이 작은 것에서부터 감사하는 마음을 가질 때 훨씬 성숙하게 자랄 수 있을 것입니다.

우리나라는 35년간의 일제강점기와 1950~1953년까지의 6·25 전쟁을 거치며 황폐화된 땅에서 불굴의 의지로 '한강의 기적'이라 불리는 급격한 경제 성장을 일구어 냈습니다. IMF 외환위기 때도 이를 극복하며 도약의 기회로 만들었습니다.

아이들이 본 에피소드를 읽고 이전 세대들의 이야기를 접하는 과정을 통하여 2021년 기준 세계 GDP 순위 10위권의 경제력을 갖추게 된 대한민국의 국민으로서의 자부심, 감사, 긍지를 가지게 되기를 기대합니다.

에피소드 14

다들 자유를 지키려고 열심히 싸우고 있어

세계 시민으로의 성장

    외할머니 댁에 온 민배는 언제나 그렇듯 낮 동안 동생 서현이를 돌보며 시간을 보냈다. 그러나 서현이가 민배보다 이곳 생활에 더 잘 적응하고 있었다. 동네에서 새로운 친구도 사귀었고, 그 애와 함께 잘 노는 듯하다.

    서현이가 친구를 사귀기 전엔 민배가 서현이를 데리고 자동차들이 빠르게 다니는 도로를 지나 슈퍼에 다녀오거나 여기저기로 논밭이나 산, 들판을 구경하다 오곤 했다. 하지만 요즘 서현이는 동네 어귀나 마을회관 쪽에서 새로 사귄 친구와 주로 놀면서 시간을 보냈고, 그 시간 동안은 민배도 엄마 눈치를 보지 않고 스마트폰을 보며 놀 수 있어

좋았다.

민배는 오늘도 서현이를 친구에게 데려다주고 있었다. 저 멀리 의자에 앉아 있던 서현이의 친구는 스마트폰으로 무언가를 보고 있었다. 서현이는 친구를 놀라게 하려고 했는지 평상시와 달리 큰소리로 인사하지 않고 조용히 다가갔다. 가까이 다가가자 서현이의 친구가 보는 스마트폰에서 알 수 없는 외국어가 들려왔다.

"안나! $!%$$^!$ 안나… 테베 꼬하유…."

짧은 동영상인 것 같은데 아까부터 계속 반복해서 보는 듯했다. 슬쩍 화면을 보자 군복을 입은 군인이 따뜻한 미소를 띠고 카메라를 바라보며 무언가를 말하는 동영상이었다.

민배는 요즘 한창 뉴스에 나오는 우크라이나와 러시아의 전쟁 동영상이 아닐까 생각했다. 가끔 경만이나 한섭이 그리고 일호가 미사일이 헬기를 격추하는 장면이나 탱크를 파괴하는 너튜브를 공유하곤 했는데, 어린 여자애가 군인 동영상을 진지하게 보고 있다니 의외이면서도 신기한 생각이 들었다.

"아냐! 나 왔어."

서현이의 친구는 동영상을 재빨리 끄고 돌아보았다. 친구의 눈은 좀 충혈되어 있었지만, 서현이를 보고 웃는 모습을 보였다. 그 모습을 보자 서현이의 얼굴도 같이 울상이 되었다.

"아냐? 왜 그래? 무슨 일 있어?"

"아냐, 서현아."

둘의 대화에 '아냐'라는 말이 많이 나오자 민배는 살짝 웃으며 놀리듯 말했다.

"뭔 아냐가 그렇게 많이 나오냐. 알긴 뭘 안다고."

"그거 얘 이름이야. 아냐라고 부르라고 했어!"

서현이가 나무라듯 민배에게 말했다. 하지만 민배는 잘 이해하지 못했다.

"아냐, 모르냐도 아니고 뭐가 그래?"

그 말에 서현이의 친구는 살짝 심통 난 얼굴이 되었다.

"내 이름은 안나야. 서현인 내 친구니깐 아냐라고 불러도 돼."

"아냐, 모르냐!"

"안나라니깐!!!"

서현이와 안나는 언제 그랬냐는 듯 곧 무언가 떠들며 놀기 시작했다. 민배는 전과 달리 힘이 없어 보이는 안나가 신경 쓰였지만 더 이상 캐묻지는 않았다.

서현이와 안나가 알아서 노니 좋긴 했지만, 민배도 서서히 심심해졌다. 심심해진 민배가 동생과 놀고 있는 안나에게 말을 걸었다.

"안나, 너도 전쟁놀이 같은 거 좋아해?"

안나는 무슨 소리인지 모르겠다는 표정으로 의아해하다가 단호하게 싫다고 말했다. 민배는 고개를 갸우뚱하며 다시 물었다.

"그런데 왜 군인 동영상을 보고 있었어?"

"그건, 아….""

순간 안나는 말을 멈췄다. 그리고 모른다고만 말했다.

"그런데 아까 그 외국말 너 알아들어?"

그 말에 안나는 고개를 끄덕거렸다. 서현이는 둘이 무슨 대화를 하는지 알지는 못하지만, 둘의 대화를 관심 있게 듣다가 자기도 한마디 참견했다.

"전쟁? 총 쏘고 싸우는 거? 그거 재미없어."

서현이는 민배가 하는 게임으로 생각하는 것 같았다. 그러자 민배가 다시 설명했다.

"그건 게임이고, 진짜 전쟁. 우크라이나와 러시아가 전쟁하잖아. 내가 너튜브 보여 줬었잖아. 미사일이 헬기랑 전투기 떨어뜨리고 탱크도 폭파하고 하는 거."

"그거 게임 아니었어?"

서현이의 답에 민배는 답답하다는 표정을 지었다.

민배는 서현이에게 설명하는 대신에 안나에게 질문을 했다. 안나가 그 군인의 말을 알아듣는다고 하니 바로 나온 전쟁 소식을 들을 수 있다고 생각한 것이었다.

"아까 군인이 뭐라고 했어? 러시아가 우크라이나를 점령했대? 다들 러시아가 우크라이나를 가볍게 눌러 버릴 거라고 생각하던데…."

"아냐!!! 그거 거짓말이야!"

갑자기 크게 외치는 안나 때문에 민배는 깜짝 놀랐다. 어린아이치고 너무나 단호한 목소리에 민배조차 순간 멈칫했다.

"그리고 다들 열심히 싸우고 있어. 우크라이나를 위해서… 자유를 지킨대…."

민배는 자기가 더 잘 알고 있다고 말하고 싶은 생각에 여기저기서 들은 이야기들을 내뱉기 시작했다.

"하지만 우크라이나가 잘못했다고 하던데? 러시아가 평화를 지키려고 그런다고. 그래서…"

"아냐! 러시아가 쳐들어왔어. 다들 용기 있게 싸운대! 나라를 지키려고!"

"그래? 그걸 어떻게 알아? 아까 군인이 그렇게 말했어?"

안나가 살짝 울 것 같은 표정을 짓기 시작했다. 민배는 혹시나 하는 생각에 안나에게 물어보았다.

"혹시… 그거 네 아빠야?"

그러자 안나가 당황한 모습을 보였다. 서현이는 둘의 대화를 그저 멀뚱멀뚱하게 바라만 보고 있었다.

"아빤 몰라. 본 적 없어."

민배는 어이없다는 식으로 혼자 중얼거렸다.

"뭔 소리야!"

민배가 켜 두었던 너튜브에서는 자동 실행으로 다음 동영상이 켜
져 있었다. 그 영상에서는 정부가 우크라이나로 간 한국인 의용군을
법 위반을 근거로 처벌할 것이라는 토막 뉴스가 나오고 있었다.

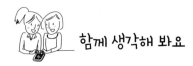

함께 생각해 봐요

본 내용은 『가정생활 나라면 어떻게 할까?』 에피소드 26 「나 외국인 아냐!」와 연결되는 이야기입니다.

1. 민배는 다른 나라의 전쟁에 대해 어떤 생각과 심정을 가지고 있나요? 그렇게 생각하게 된 이유는 무엇인가요? 나는 현재 벌어지고 있는 다른 나라 간의 전쟁에 대해 어떤 마음이 드나요? 그 이유는 무엇인가요?

2. 전쟁에 관한 이야기를 들었을 때 안나는 어떤 기분이었을까요? 왜 그렇게 생각하나요?

3. 나는 과거에 우리나라에서 일어났던 전쟁에 대해 알고 있나요? 20세기 이후 한반도에서 어떤 전쟁이 발생했으며, 그 전쟁으로 인한 피해는 어떤 것들이 있나요? 한국 전쟁에 관한 이야기를 들으면 어떤 기분이 드나요?

4. 다른 나라에서 일어난 전쟁은 지금 대한민국에 사는 우리에게도 관련된 문제일까요? 왜 그렇게 생각하나요?

함께 읽는 어른들에게

다른 나라에서 벌어지는 기근, 가뭄, 홍수, 전쟁 등은 자기 자신에게 직접적인 영향을 준다고 여기기 어렵습니다. 어른들도 그렇지만, 아이들은 더 실감하기 어려울 수 있습니다. 때문에 그저 먼 나라에서 벌어지는 나와 상관없는 일로 치부할 수 있습니다. 그러나 '지구촌 한 가족'이라는 말을 굳이 떠올리지 않더라도 세계화 시대에 사는 우리는 모두 상호 영향을 주고받고 있습니다.

미국의 철학자인 마사 누스바움Martha Nussbaum은 '세계 시민주의'를 주장하며, 만약 이 세계가 미래에 괜찮은 세상이 되려면 우리가 세계의 시민이라는 것을 인정해야 한다고 강조했습니다.

누스바움은 우리가 우애, 연민, 인간 존엄성을 갖춘 상호의존적인 세계 시민이라는 것을 의식하고 서로 협력해야 한다고 했습니다. 그리고 이것이 이 세상을 더 인간적인 곳으로 만드는 걸 돕는다고 보았습니다.

아이들의 자아 성장 및 발달과 사고의 확장을 위해서 '자기 자신에 대한 관심'에서 '나의 가족 → 나의 친족 → 나의 친구 → 우리 사회 → 우리나라 → 세계'로 시야를 넓힐 필요가 있습니다. 누스바움은 이를 '관심의 원'의 확장이라고 했습니다.

본 에피소드를 통해서 아이들이 관심의 영역, 사고의 범위를 증대

할 수 있도록 돕기를 바랍니다. 이를 바탕으로 아이들은 한국 사회의

구성원으로서뿐만 아니라 세계 시민으로 성장하게 될 것입니다.

너희 나라를 왜 우리나라가 도와줘야 해?

전쟁과 평화

오늘은 민배가 서현이, 안나와 잘 어울려 놀아 주고 있었다. 서현이는 안나를 아냐라고 불렀지만, 민배는 별로 신경 쓰지 않았다. 그렇지만 가끔 너튜브에서 보는 동영상 중에서 우크라이나어가 나오면 무슨 말이냐고 물어보고 싶은 생각도 많았다. 안나는 일부만 알아들을 수 있었지만, 그래도 민배는 전혀 모르는 것보다는 낫다고 생각했다.

민배는 전투 게임을 하기도 하고 너튜브 전쟁 동영상을 보기도 하면서 동생이 노는 곳을 지켰다. 그러다가 한 우크라이나 아주머니가 군복을 입은 채 총을 들고 말하는 동영상을 보게 되었다. 댓글도 엄청

나고 추천수도 굉장한 동영상이었다. 민배는 그 내용이 무엇일까 궁금해졌다. 영어 자막은 나오는 것 같은데, 아직 민배에게 빠르게 지나가는 영어 자막은 이해하기 어려운 영역이었다.

궁금증이 치밀어 오른 민배는 아이들이 잠시 노는 것을 멈춘 걸 보고 좋은 기회라고 생각했다. 민배는 안나에게 그 동영상을 보여 주며 무슨 말을 하고 있는지 알려 달라고 부탁했다. 안나는 자기가 알아들을 수 있는 말을 최대한 설명해 주었다.

"이 아주머니 남편하고 이웃들이 싸우러 전쟁터로 나갔대."

아직 안나가 어려서 모르는 단어가 많은지 아주 간단하게만 설명했지만, 민배는 대충 내용을 추측할 수 있었다.

"우리의 가족을 지키기 위해 싸울 거고, 평화롭게 살고 싶대."

"응, 그래서?"

"남편이 빨리 돌아와서 같이 자식들을 키우고 싶대. 그러니까…"

"그러니까?"

"우크라이나를 도와 달래."

이 말을 하며 안나는 민배의 얼굴을 쳐다보았다.

그때 서현이가 끼어들었다.

"그래? 그럼 우리나라도 우크라이나 도와야 돼. 침략당했대."

"맞아. 우리나라도 우크라이나를 도와줘야 해."

그러자 민배가 반문했다.

"너희 나라를 왜 우리나라가 도와줘야 해?"

"나도 한국인이라니깐!"

"그래? 그건 뭐 그렇다고 하고. 아무튼 안 돼!"

"왜? 러시아가 우크라이나를 공격했대. 그리고 집들을 부수고 사람들을 죽였대."

"전쟁이니까 사람들이 죽고 다치겠지."

"아냐! 군인도 아닌 그냥 동네 사람들을 죽였대!"

서현이나 같은 또래보다 전쟁 상황에 대해 더 구체적으로 잘 아는 것이 의아했지만, 민배는 개의치 않고 자기 생각을 말했다.

"우리나라는 러시아하고 친하게 지내고, 우리에게 잘해 주는 데다가, 거기 국민들도 우리나라 사람들 좋아하는데?"

"우리 아빠도 러시아랑 일하고 있어. 그래서 우리 가족 저번에 러시아도 가 봤어."

눈치 없이 끼어든 서현이의 자랑스러워하는 얼굴과 달리 안나는 답답한 표정을 지었다.

"우리가 러시아에 도움 준 것도 있고, 러시아가 다른 나라에는 안 주는 기술 준 것도 있고, 서로 협조하기도 하고…."

"그래도 도와야 돼. 러시아는 나쁜 짓을 했어. 그리고 우리나라도 러시아한테 벌주고 있잖아."

"하지만 거기까지일걸? 괜히 더 도왔다가는 러시아한테 미움받아. 배신했다면서 러시아가 화내면 우리나라와 전쟁할 수도 있잖아. 그러면 평화가 깨져."

"그러면 평화롭던 우크라이나를 공격한 러시아는 뭔데?"

"그거야…. 우크라이나가 뭔가 잘못한 게 있다던데? 그래서 러시아가 화가 나서 평화를 지키겠다고 전쟁을 했다고 들었어."

이에 대해 안나는 화를 내며 부정했다.

"아냐! 그거 다 러시아가 거짓말한 거랬어! 그래서 다른 나라들도 우크라이나를 도와주고 있는 거라고 했어!"

하지만 민배는 안나의 말에 수긍하지 않는 모습이었고, 서현이는 그저 멀뚱멀뚱 두 사람을 바라보며 듣고 있었다.

"그리고 러시아는 핵폭탄도 많이 가지고 있어. 맞아, 핵폭탄! 괜히 러시아에게 밉보이면 안 돼."

그 말에 안나는 민배에게 질문을 던졌다.

"그러면 핵폭탄으로 러시아가 협박하면 우리나라를 러시아에게 다 줘 버릴 거야?"

그러자 민배가 잠시 멈칫했다.

"글쎄, 그래도 우리나라는 평화를 사랑한다고 했는데…."

말문이 막힌 민배는 계속 머뭇거리다가 머리를 긁적거리며 서현이와 안나에게 말했다.

"그런 문제는 어른들에게 맡기고, 우린 아이스크림이나 사 먹자."

안나는 시큰둥했지만, 아이스크림이라는 말에 눈을 반짝인 서현이가 안나의 손을 잡아끌었다. 곧 아이들은 놀던 자리에서 떠나 슈퍼마켓을 향해 걸어가기 시작했다.

함께 생각해 봐요

1. 전쟁에 대해 들어 본 적이 있나요? 누구에게, 언제 들어 보았나요?
   우리나라에서도 수없이 많은 전쟁이 있었습니다. 내가 알고 있는 만
   큼 설명해 봅시다.

2. 전쟁을 경험한 사람의 이야기를 가능한 만큼 직접 또는 간접적으로
   들어 봅시다. 동영상을 통해 접할 수도 있습니다. 이야기를 듣고 난
   후 또는 영상을 시청하고 난 후 어떤 마음이 드나요? 소감을 이야기
   해 봅시다.

3. 현재 전 세계에서 전쟁을 겪고 있는 나라가 있나요? 그곳에서는 어
   떤 일들이 벌어지고 있나요? 그곳에서 직접 전쟁을 경험하고 있는
   사람들의 마음은 어떠할까요? 그들의 하루를 상상하며 이야기해 봅
   시다.

4. 민배와 이야기하는 안나는 어떤 생각, 마음, 느낌을 지니고 있을까
   요? 왜 그렇다고 생각하나요? 안나의 입장을 도덕적 상상을 통해 이
   야기 나누어 봅시다.

5. 안나와 대화하는 민배는 우크라이나와 러시아의 전쟁에 대해 어떤 생각과 마음을 가지고 있을까요? 왜 그렇다고 생각하나요? 그러한 민배의 태도, 생각, 마음은 바람직한가요? 왜 그렇게 생각하나요?

6. 상대국이 우리나라를 위협하면서 우리 것을 빼앗으려 한다면 복종하면서 평화를 유지해야 할까요? 아니면 다른 방법을 택해야 할까요? 특히 도덕적으로 어떤 방법이 더 올바르다고 생각하나요? 현재뿐만 아니라 미래 상황을 상상해 가며 생각해 봅시다.

7. 나는 안나와 민배의 입장 중 누구의 입장과 비슷한가요? 왜 그러한가요?

함께 읽는 어른들에게

본 에피소드는 국가 간의 관계 속 전쟁과 평화를 생각해 보게 한다는 점에서 아이들에게 다소 어려운 주제일 수 있습니다. 그러나 아이들이 사는 지구촌 어디에선가 벌어지는, 그리고 국가 간 일어나는 실제 사례라는 점에서 한 번쯤 논의해 볼 필요가 있는 주제입니다.

더구나 우리나라는 분단의 아픈 역사를 지금도 체험하고 있는 국가입니다. 묵직한 주제이기는 하나, 본 에피소드를 통해서 아이들과 남북통일의 문제도 연계하여 대화를 진행해 보기 바랍니다. 이 과정을 아이들이 미처 알지 못했던 과거 우리나라의 전쟁과 그 시대를 살았던 사람들의 심정을 상상으로나마 간접 경험해 보는 기회가 되도록 활용하기를 바랍니다.

아이들은 이러한 경험을 통해 내가 아닌 타인, 특히 현존하지 않는 과거나 미래 사람의 입장에서도 사고하고 느낄 기회를 얻게 될 것입니다.

가사가 지나치게 자극적이지 않아?

1인 미디어 시대에 가져야 할 사회적 책임감

2학기 개학도 얼마 안 남은 어느 저녁 날, 클럽활동을 마친 민배와 경만이가 옷을 갈아입고 있을 때 한섭이가 라커 룸으로 들어왔다.

"오, 예! 왓썹 맨."

"한섭아, 아까 그 드리블 장난 아니던데?"

"왓썹 맨?"

"왓썹 뭐? 뭔 소리야?"

"민배야, 한섭이 요즘 잘나가는 래퍼잖냐. 래퍼의 소울이 충만한 거라고."

"오~ 예, 맨. 경만이가 랩을 좀 아네."

아이들은 서로 장난을 주고받으며 너스레를 떨었다.

"한섭아, 우리가 너 너튜브 좋아요 잔뜩 누르고 다니는 거 아냐?"

"오! 땡스 맨. 덕분에 조회수 많이 늘었어."

"저번에 TV 방송에 소개되면서 더 늘었나?"

"그때 팍팍 늘었지. 수익금도 적잖이 들어오더라."

"그래? 그럼 오늘 저녁은 네가 쏴라."

"노 프라블럼. 기분이다!"

"오! 역시 짱짱맨!"

옷을 다 갈아입은 아이들이 다 함께 음식점을 향해 걸어갔다.

"그런데 한섭아. 랩이 뭐, 하나같이 다 입시 지옥에 애들이 학대받는다는 내용만 있더라."

장난기 가득한 얼굴로 민배가 질문을 던졌다.

"어, 그런데?"

"야! 이 인간아. 수업 시간에 잠만 자면서 래퍼로 진로를 정한 네가 무슨 입시 지옥이냐?"

민배의 말에 큭큭 웃던 경만이도 맞장구를 쳤다.

"맞아!! 솔직히 몇 명 빼놓고 그런 거는 생각도 안 하고, 하고 싶은 거 하는 애들이 태반인데 뭔 입시 지옥이냐. 특히 너 말이야 너, 한섭이 너! 너는 특히 그런 말할 자격이 안 된다고!"

아이들은 모두 키득대며 웃기 시작했다.

"다른 애들도 솔직히 그 정도는 아니지 않냐?"

"건전한 학교생활을 랩으로 하면 누가 듣기나 하겠어?"

"그렇지. 방송이란 게 다 연출이라고 연출! 그렇지 않고 매번 그렇게 콘텐츠를 뽑아낼 수 있겠냐?"

경만이의 말에 한섭이가 웃으면서 맞장구를 쳤다.

"네가 방송을 좀 아는구나, 경만아."

민배가 장난기 가득한 말투로 다시 질문했다.

"근데 네가 겪은 일도 아니고 다른 사람들도 그런 일 없는데, 그게 마치 사실인 것처럼 방송에서 말하고 랩하는 거 누가 고자질하면 어떻게 하냐?"

"더구나 내용이 지나치게 자극적이지 않냐?"

한섭이가 웃으며 답했다.

"아주 간단하지. 그냥 우리 세대를 대표한다고 하면 그만인 거야. 어차피 어딘가 그런 애들도 있을 거 아니냐."

"하긴 댓글들 보니까 자기 삶이 그렇다고 떠드는 애들도 많이 있던데?"

"그 댓글 중에 우리도 있다는 거 잊지 말라고~"

경만이가 웃는 얼굴로 민배를 바라보며 말했다.

"그거야 한섭이 도우려고 우리가 계속 그런 식으로 쓰던 거잖냐. 우리 반 다른 애들도 꽤 동참하는 것 같던데? 좋아요 누르는 거랑 댓글 말이야."

한섭이가 입꼬리를 올리며 민배와 경만이에게 말했다.

"예스 맨! 너희 덕분에 반 애들도 많이 동참하고 그렇게 됐지. 그러니까 내가 종종 저녁 사고 그런 거 아니겠냐?"

"맞아, 맞아. 너도 조회수 높이고, 돈도 벌고. 우리는 우리대로 뭐 좀 얻어먹고. 누이 좋고 매부 좋고."

"하하하하!"

한창 흥겨운 분위기 속에서 웃던 세 사람은 문득 개학이 다가왔다는 것을 깨달았다.

"뭐냐, 벌써 방학이 끝나 가다니."

"좋은 시절 다 갔네."

"맞아, 맞아. 학교 가는 것도 귀찮은데 말이지."

"그래, 학교 가는 것도 귀찮은데 오라가라 하니까 우리들이 지옥 같은 감옥에서 탄압받는 것은 맞는 말이지. 하하하!"

"맞아. 이것도 인권 탄압이라고!"

세 사람은 큰소리로 웃으며 어둠이 드리운 저녁의 거리를 걸었다.

함께 생각해 봐요

1. 한섭이의 "건전한 학교생활을 랩으로 하면 누가 듣기나 하겠어?"라는 말은 무슨 뜻일까요? 나는 이 말에 대해 어떻게 생각하나요? 왜 그렇게 생각하나요?

2. 한섭, 경만, 민배의 대화 중에 누구의 말이 가장 공감되나요? 그 이유는 무엇인가요?

3. 이들의 대화 중에서 현재 우리 사회의 모습을 가장 잘 나타내고 있는 대사는 무엇이라고 생각하나요? 그 이유는 무엇인가요?

4. 한섭이는 어떤 생각을 가지고 있나요? 그러한 한섭이의 생각은 올바른 것인가요? 왜 그렇게 생각하나요?

5. 본 에피소드를 읽고 세 사람에게 부모님의 입장, 선생님의 입장 그리고 내 입장에서 한마디 한다면 어떤 이야기를 하고 싶은가요? 왜 그러한 말을 이들에게 하고자 하나요?

함께 읽는 어른들에게

4차 산업 혁명 시대, 인공지능 시대에 사는 아이들에게 필요한 역량 중 하나는 미디어 리터러시media literacy입니다. 미디어 리터러시는 간단히 말해서 다양한 유형의 미디어와 그들이 보내는 메시지를 식별하는 능력입니다.

미디어라고 하면 신문, 잡지, 포스터 등의 인쇄 매체와 연극 발표, 트윗, 라디오 방송 등을 포함합니다. 특히 아이들은 유튜브, 틱톡, 인스타그램 등에 올라와 있는 내용을 무비판적으로 받아들이기 쉽습니다.

아이들이 접하는 매체의 내용에 대해 비판적인 시각으로 이야기 나누는 것은 아이들로 하여금 거짓 정보를 구별해 낼 수 있게 하는 좋은 교육의 장이 될 것입니다. 또한 1인 미디어 시대에 정보의 소비자이자 동시에 정보의 생산자인 아이들 스스로 올바른 언론의 역할을 할 수 있도록 사회적 책임에 대해서도 토의해 보기를 바랍니다.

이는 아이들이 삶의 지혜와 거짓 정보를 구별해 낼 수 있도록 키우는 길이며, 바른 인격을 형성하게 하는 인성교육의 한 부분입니다.

모니터 속에 엄마가 있어?

인공지능 기술 발달과 윤리적 문제들

엄마가 의식이 돌아왔다는 소식에 소미는 먼저 도착한 아빠와 함께 중환자실에 들어섰다. 기진맥진한 엄마는 아빠와 시선을 맞추려고 노력하며 띄엄띄엄 힘없이 말하고 있었다. 아직 엄마는 소미에게 눈길을 주지 못했지만, 소미는 이렇게라도 눈을 뜬 엄마가 고맙기만 했다.

아빠는 엄마가 소미를 바라볼 수 있게 옆으로 바짝 끌어당겼다. 소미가 엄마의 눈을 응시하며 말했다.

"엄마, 엄마…. 나 왔어!"

하지만 엄마의 입에서 자그마하게 나온 말은 의외였다.

"근데 넌 누구니?"

번쩍 눈을 뜬 소미가 시계를 보았다. 동생 저녁 식사를 챙겨 줄 시간이 다 되어 간다. 소미는 낮에 엄마를 보러 갔다 겪은 일이 아직도 눈앞에 선했다. 의사 선생님은 간혹 충격을 받으면 단기 기억상실이 올 수도 있다고 했다. 게다가 검사 결과 뇌에 문제가 없으니 엄마의 기억이 떠오를 만한 것으로 열심히 말하다 보면 좋아질 것이라고 말했다. 하지만⋯ 이론적으로 그렇다는 이야기였다.

"그럼 엄마는 기억이 안 돌아오는 거야?"

동생의 말에 소미도 딱히 확신이 서지 않았다.

"아냐, 그런 경우도 있는데⋯ 아빠는 기억하는 거 보니까 별문제 없을 거랬어."

"우릴 기억 못 한다고 했잖아. 엄마가 정말 우리 기억하지 못 하면 어떡해?"

"괜찮대도⋯. 그러니까 이제 엄마가 일반 병동으로 가면 너도 가서 기억나는 것 좀 얘기해 드려!"

"엄마가 우리 기억 못 한다며⋯."

동생은 침울한 표정으로 밥 먹던 수저를 내려놓았다. 하지만 소미는 동생의 얼굴을 바라보지 못한 채 어서 밥 먹으라고 재촉하기만 했다.

처음 머리에 충격이 갔을 것이라는 말을 들었을 때 소미는 뇌에 영향이 갔을까 봐 걱정을 많이 했다. 특히 엄마에게 자기처럼 장애가 생기지 않을까 하는 걱정은 한동안 무엇보다도 우선했다. 소미는 걱정과 여러 가지 잡념에 사로잡혀 있었다. 기억상실에 대해 너튜브에서 이것저것 찾아보던 소미는 몸에 장애가 생긴 사람들의 뇌에 어떤 장치를 심어서 해결할 수 있다는 영상까지 보게 되었다.

소미는 문득 옛날에 했던 생각을 떠올렸다. 조그만 버튼 같은 것을 머리에 심으면 마비되었던 몸이 움직인다는 이야기를 들었을 때였다. 저런 것을 뇌에 심거나 아예 로봇 다리로 교체한다면 다른 사람처럼 평범하게 걸어 다니지 않을까 상상하던 옛날 자기 자신의 모습이 떠올랐다.

그때 이야기를 들은 아빠는 터무니없다고 말했지만, 지금 보니 그동안 훨씬 더 발전한 것 같았다. 아빠는 뇌에 기계를 심는 생각을 하는 것조차 식겁한 모습이었지만 소미에게는 희망적인 생각이었다. 어쩌면 공부 같은 걸 따로 하지 않고 버튼 하나에 모든 지식을 넣어 다니게 될지도 모른다고 생각하며 어느덧 잠이 들었다.

소미는 병원에 서 있었다. 하지만 늘 붐비던 병원 로비에 사람들이 없다는 것이 좀 의아했다. 갑자기 의사 선생님이 와서 수술 동의서를 써 달라고 한다. 난데없이 웬 수술이냐고 물었지만, 엄마의 상태가 갑자기 안 좋아지는 바람에 모든 기억이 사라질 수 있으니 급하게 수술해야 한다고만 했다. 도움이 필요했지만, 주변에는 아무도 없었다. 엘리베이터도 고장인지 자꾸 다른 층에서 멈추기를 반복했다.

어려움 끝에 겨우 병실 안으로 들어서자 엄마가 보였다. 엄마의 머리에는 온갖 전선이 연결되어 있었다. 누군가 엄마의 기억을 기계로 복사하고 있다고 했다.

삐삐삐!!! 요란한 소리와 함께 무언가 문제가 생긴 것 같았다. 빨간불이 깜빡거리고 불안한 소리들이 울렸다. 소미는 다가가서 엄마를 부르기 시작했다.

"엄마! 엄마!"

엄마에게서 반응이 없자, 이번에는 흔들면서 깨우려고 노력했다. 어찌할 바를 모르는 소미의 뒤쪽에서 갑자기 엄마 목소리가 들렸다.

"소미야, 소미야, 나 여기 있어."

뒤를 돌아보자 커다란 모니터에서 엄마의 모습을 볼 수 있었다.

"소미야, 나 여기 있어. 나 여기 있어."

"엄마? 엄마!"

'엄마가 모니터 속에 있어? 엄마가 저기로 간 거야?'

그러자 엄마 몸을 잡고 있던 손에서 감촉이 느껴졌다. 소미는 고개를 돌려 엄마의 몸을 바라보았다. 갑자기 누워 있던 엄마가 눈을 뜨고 소미를 향해 말했다.

"소미?"

그런데 침대 옆에 있던 모니터에서도 엄마의 모습이 나타났다.

"소미야, 엄마 여기 있어. 왜 몰라보니."

여기저기 모니터에서 엄마라고 말하는 소리가 들렸다. 어리둥절한 소미는 어쩔 줄 몰라 하다가 침대 쪽 엄마를 바라보았다. 침대에 누워 있던 엄마가 다시 말했다.

"그런데 너 누구니?"

"아악!!!"

눈을 떠 보니 아침이었다. 머리맡에 두었던 스마트폰에서 알람이 울리고 있었다. 꿈인 것을 알았지만 소미의 두근두근 뛰는 심장은 가라앉을 줄 몰랐다. 소미는 혹시 엄마에게 무슨 일이 생긴 건 아닐까 하는 걱정으로 아침을 시작했다.

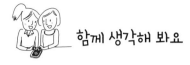

함께 생각해 봐요

본 내용은 『가정생활 나라면 어떻게 할까?』 에피소드 21 「근데 넌 누구니?」와 연결되는 내용입니다.

1. 소미를 기억하지 못하는 엄마를 보며 소미는 어떤 기분이 들었을까요? 만약 내가 소미라면 어떤 마음일까요? 왜 그러한가요?

2. 소미를 기억하지 못하게 된 엄마는 여전히 소미 엄마일까요? 왜 그렇게 생각하나요?

3. 누군가와의 관계에 있어 서로에 대한 기억이 차지하는 의미는 무엇일까요? 혹시 나의 가족 가운데 병이나 사고로 인해 기억을 잃은 분이 있나요? 만약 있다면 어떠한 상황이고 그분에 대한 나의 마음은 어떤가요?

4. 기억을 복사하고 이동할 수 있다면 사람 사이의 관계라는 건 어떤 의미를 지니게 될까요? 나와 가족 간의 관계, 사회 속에서의 관계 등에 대해 상상해 보고 어떤 상황들이 펼쳐질지 생각해 봅시다.

5. 동일한 기억을 가진 존재가 여럿 있을 때 어느 존재와 기존의 관계성을 유지할지는 어떻게 결정해야 할까요(예를 들어 본문처럼 소미 엄마의 존재가 여러 곳에 복사되었다고 할 때)?

6. AI가 특정인들의 기억을 복사해서 그대로 재현한다면 우리는 그 존재에 대해 어떻게 생각해야 할까요?

7. 위의 문제에서 도덕적 혹은 윤리적 문제가 발생한다면 어떤 점에서 발생할까요? 그리고 그에 대해 어떻게 설명해야 할까요?

8. 사회 윤리 측면에서 인간의 기억 복제는 어떤 윤리적 문제를 불러올까요? 왜 그렇게 생각하나요?

9. 인간의 뇌에 칩을 심어 완전히 새로운 사람이 될 수 있다면, 나는 이 기술을 나 자신에게 시술하는 것을 허용하고 싶은가요? 왜 그렇게 생각하나요? 이러한 기술의 발전은 사회적인 차원에서 어떤 윤리적인 문제들을 불러올까요? 왜 그렇다고 생각하나요?

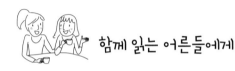

함께 읽는 어른들에게

인간의 지능을 완벽하게 재현하는 것은 아직 인공지능의 범위를 넘어서는 것으로 인식됩니다. 그러나 기술의 발전은 놀라운 속도로 진화를 거듭하며 단순 반복적인 업무 지원을 넘어서고 있습니다. 인간만이 할 수 있는 일로 여겨지던 복잡한 결정과 과업의 수행까지 그 범위를 넓히고 있지요.

이로 인해 인공지능은 이미 우리 삶의 일부로 깊이 파고들었습니다. 로봇, 챗봇, 아바타, 기타 지능형 에이전트 등과 같은 AI 시스템이 단순 도구에서 자율적인 에이전트로 전환되는 과정은 AI 연구 개발에서 시스템의 윤리적 영향에 관심을 가지게 합니다.

본 에피소드에서 언급했듯이 인공지능은 인간과 별개의 피조물로서만 존재하는 것이 아닙니다. 인간 내부에서 구현되는 또 다른 실재로서 그 침투 영역을 인간 자체에까지 깊이 확장하고 있습니다. 대표적인 것이 뉴럴링크Neuralink, 뇌-컴퓨터 인터페이스BCI, brain-computer interface, 뇌-기계 인터페이스BMI, brain-machine interface 등입니다.

아이들과 본 에피소드에 관해 이야기 나누면서 인공지능과 같은 기술의 발달로 인해 인간 자신의 몸 안으로까지 침식해 오고 있는 두뇌 칩, 로봇사지 등에 대해 이야기 나누어 보기를 바랍니다. 그리고 이로 인해 얻을 수 있는 혜택과 함께 필연적으로 생길 수밖에 없는 사회 윤리 문제들에 대해 생각해 보는 계기로 활용하기 바랍니다.

예를 들어 인간의 로봇화, 인공 기억, 인격 이식 등에 대해 문제를 제기해 볼 수 있습니다. 참고로 제시된 아래의 영화들을 아이들의 연령을 고려하여 함께 시청한다면 좋은 토론 주제로 삼을 수 있습니다.

> **참고 영화**
>
> . 바이센테니얼 맨(Bicentennial Man, 1999)
>
> . 에이 아이(A.I., 2001)
>
> . 월-E(Wall-E, 2008)
>
> . 트랜센던스(Transcendence, 2014)
>
> . 채피(Chappie, 2015)
>
> . 엑스 마키나(Ex Machina, 2015)
>
> . 알리타: 배틀 엔젤(Alita: Battle Angel, 2018)

접수 먼저 하고 줄 서셔야죠!

사회를 원활하게 돌게 하는 규칙들

엄마가 일반병실로 옮겨진 후 소미와 소미 동생은 거의 매일 학교가 끝나거나 쉬는 날 병실을 찾아갔다. 병실에서 아이들은 엄마의 수발을 들기도 하고 기억 회복에 도움이 된다고 하는 지난 앨범이나 함께 찍은 사진들을 보여주며 엄마와 시간을 보내고 있었다.

소미의 엄마는 시간이 지나면서 좀 더 기억을 되찾는 것처럼 보였지만, 아직 아이들을 대할 때 어딘지 모를 서먹함을 보였다. 또한 아이들이나 엄마나 서로에게서 낯선 느낌을 지울 수 없었다. 특히 소미 동생은 어려서인지 어색함이 주는 불안감에 어쩔 줄 몰라 할 때가 많았다.

"엄마 아닌 거 같아. 이상해….”

소미는 살짝 나무라듯 동생에게 말했다.

"종종 기억 잃을 때가 있다고 하잖아. 서서히 돌아오는 경우가 많다니까 쓸데없는 소리 하지 마.”

소미는 전에 꾼 꿈이 다시 생각나서 소름이 끼쳤지만, 티 내지 않으며 엄마를 대하려고 노력하고 있었다.

아이들은 내색하지 않고 엄마가 점심으로 드신 식판을 반납하고 휠체어를 하나 빌려왔다. 소미와 동생은 주변 분들의 도움을 받아 엄마를 휠체어에 태운 후 병원을 돌아다니기 시작했다. 다리가 불편한 소미와 아직은 어린 소미의 동생이 함께 엄마의 휠체어를 밀며 병원을 걸었다.

아이들은 서로를 의지하며 엄마의 휠체어를 밀고 있었다. 아이들이 학교를 일찍 마치고 큰 병원에 온 것은 처음이기에 사실 병원 구경보다는 사람 구경에 가까웠다. 지나가면서 주변의 환자들과 보호자들이 하는 이야기들을 들으니 왜 이리 복잡한지 알 것 같았다.

"왜 이리 사람들이 많대? 사람에 치이겠어.”

"글쎄, 아까 물어보니까 연휴라 병원 놀다가 열어서 환자들이 몰려온 거라고 하더라고.”

"거참! 얼마나 더 기다려야 하는지….”

저녁때와 달리 엘리베이터를 타는 것은 힘들 듯해서 병동이 이어져 있는 암 병동으로 이동했다. 그곳은 암 병동의 주사실이었다. 아마 암 환자인 분들이 치료를 위해 주사를 맞는 그런 곳으로 보였다.

다른 병동과 달리 특히나 이곳에는 몸이 더 안 좋아 보이는 분들이 많았다. 머리카락이 다 빠진 분들도 있었고, 한쪽에서는 울고 있는 사람과 옆에서 위로하는 사람들도 많았다.

그런데 접수처 부근이 소란스러웠다. 누군가 접수처의 간호사 언니들을 향해 고래고래 소리를 지르고 있었다.

"저번에 예약을 해서 여기 서 있었는데 왜 안 된다는 거예요!!"

접수처 예약자 줄의 맨 앞 사람이 무언가를 항의하고 있었다. 시간이 지나도 줄이 줄어들지 않고 새롭게 줄을 서는 사람만 생기자 접수처 앞쪽이 점점 더 복잡해졌다.

한번 둘러보고 지나가려던 소미와 동생 그리고 엄마는 사람들의 대열에 쉽게 이동하지 못하고 갇힌 꼴이 되었다. 항의하던 사람의 목소리가 더욱 커지고 거칠어졌다.

"새벽부터 병원까지 6시간 동안 차 타고 왔는데, 왜 안 된다는 거야? 응?!"

담당자는 난처한 얼굴로 같은 말을 반복했다.

"그러니까 옆에서 병원 카드 제출하셔서 접수하시고, 다시 여기서 줄 서서 기다리시다가 주사 치료 순서 정하신 다음에 주사실 안에서 순서대로 맞으시는 거예요."

"글쎄, 난 저번에 예약해서 여기 예약자들 줄에 서 있었다니까요."

"그러니까요! 예약하신 분들은 옆에서 병원 카드 내서 접수부터 하시고요, 지금 이 줄은 오신 순서대로 주사 맞으시는 거구요."

바로 옆의 병원 카드 접수를 위한 대기 순번은 이미 백여 명을 넘어서고 있었다.

"무슨 시스템을 이렇게 만드느냐고! 아무 설명도 없고!"

소미가 볼 때 지금 항의하는 사람은 주사 치료 예약이 되어 있는데다가 사람들이 길게 줄을 서 있으니 일단 거기 서서 기다렸던 것 같았다. 보통 외래 병동의 경우 도착 접수기가 있었지만, 이곳은 보이지 않았을 뿐만 아니라 주변에 순서를 알려 주는 안내문도 보이지 않았다.

항의가 계속되고 접수처의 진행이 정지되어 버리자 뒤에서 기다리던 사람들이 앞에서 항의하는 사람에게 소리치기 시작했다.

"이봐요! 뒤에서 다들 기다리잖아요!!"

"맞아! 가뜩이나 다들 오래 기다리고 있는데!!"

그러자 오히려 항의하던 사람은 화를 내며 뒤쪽으로 버럭 소리를 질렀다.

"병원이 잘못한 건데 왜 나한테 그래!! 어!! 그래서 항의하는데 당신이라면 가만히 있겠어? 노인네는 새벽부터 힘들게 저러고 있는데!"

간호사 언니는 그 보호자를 진정시키기 위해 노력하며 다시 설명하고 있었다.

"그 예약은 예약 약속이고요, 옆 창고는 예약하신 분들 접수하시거나 예약 날짜 잡으시는 거예요. 그리고 이 줄은 예약 접수된 분들이 오시는 순서대로 주사 처치가 들어가는 거고요."

"여기에 그런 설명이 어디에 있냐고! 주사 예약된 사람들 서 있는 줄이라고 해서 서 있었더니…. 그리고 한 번에 처리하면 되는 일을 왜 굳이 나눠서 하는 거야! 아니, 뭐 이런 말도 안 되는 경우가 있어? 여기 책임자 누구야! 나오라고 해!"

접수처의 실랑이가 계속되고 줄이 더 길게 늘어서며 복잡해지자 병원 직원들로 보이는 사람들이 접수처를 향해 걸어오는 모습이 보였다.

그사이 소미 가족은 사람들이 북적이는 병동을 간신히 빠져나와 다시 엄마의 병실을 향해 돌아가기 시작했다.

함께 생각해 봐요

1. 병동 주사처에서 항의하는 사람의 기분은 어떤가요? 왜 그렇다고
   생각하나요? 그 사람의 항의는 정당한 것인가요? 왜 그렇게 생각하
   나요?

2. 나는 행정상 혹은 업무상의 만족스럽지 못한 처리로 인해 어른들이
   항의하거나 화를 내는 것을 본 적이 있나요? 어떤 상황이었나요? 그
   모습을 볼 때 어떤 기분이 들었나요? 만약 내가 화를 내는 그 사람
   의 경우라면 나는 어떤 마음이 들었을까요? 왜 그랬을 것이라고 생
   각하나요?

3. 항의하고 있는 사람의 언행은 정당한가요? 그 이유는 무엇인가요?
   화를 내는 사람 본인, 병원 관계자, 간호사, 다른 환자들 각각의 입
   장에서 생각해 봅시다.

4. 사회 시스템은 우리 주변 곳곳에서 찾아볼 수 있습니다. 커피숍에서
   의 주문, 병원에서의 진료, 약국에서의 조제, 관공서에서의 민원 처
   리 등 다양합니다. 내가 경험한 사회 시스템 가운데 불편했거나, 혹
   은 반대로 편리했던 시스템을 경험한 적이 있나요? 있다면 각각 어

떤 경우였는지 설명해 봅시다.

5. 내가 만약 본 에피소드의 상황에서 병원 관계자였다면 어떤 방식으로 환자들이 주사를 맞는 시스템을 어떻게 바꾸겠습니까? 그러한 방법을 생각해 낸 이유는 무엇인가요?

함께 읽는 어른들에게

아이들은 시스템화된 사회 속에서 살고 있습니다. 아이들이 생활하는 학교나 지역 사회뿐만 아니라 관공서, 은행, 병원, 우체국, 학교 등 모두 일종의 사회 시스템입니다. 각각의 장소에는 일 처리를 원활하게 하기 위한 일종의 규칙이 있습니다.

본 에피소드를 통해 아이들이 일상에서 경험하는 다양한 사회 시스템에 관해 이야기 나누어 보고, 각각에서 지켜야 할 규칙과 질서들에 대해 토의해 보기를 바랍니다. 또, 개선할 방법이나 그 개선을 위한 의견 전달 과정 등에 대해 생각해 봅시다. 이 개선안과 그 의견 과정은 모두를 배려하며 도덕적인지도 논의해 보도록 합시다.

이러한 활동을 통해 아이들은 자신과 가족만을 바라보던 기존의 시각을 한 차원 넓혀, 사회의 일원으로서 자신을 바라보게 될 것입니다.

부모 부양하는데 혜택도 없어?

효라는 이름의 부양 의무와 사회적 부양의 분담

단풍잎들 사이로 내비치는 가을 햇살 아래에 앉은 오인남 할아버지는 오늘도 요양병원 병실에서 간병인의 도움을 받으며 하루를 보내고 있었다. 무료한 탓인지, 아니면 노인들에게 치매에 좋다는 말을 들어서인지 단풍나무 잎들을 하나둘 세어 보고 있었다.

"일흔아홉, 여든, 여든하나…."

혼자서 수를 세는 오인남 할아버지는 입술을 움직이며 수를 세다가 어느덧 자신의 나이가 되는 수가 되자 숫자 세기를 멈추었다. 그리고 잠시 돌아가신 부모님을 생각했다.

이북에 계신 부모님은 누이와 동생들을 데리고 먼저 남으로 내려가 기다리라고 했다. 그러나 전쟁 이후에 그분들을 다시 볼 수는 없었다. 전쟁과 휴전, 이와 함께 남과 북으로 오가는 길이 막혀 버렸기 때문이었다. 결국 어려서부터 어린 동생들을 모두 떠안게 되었지만, 누구에게도 우는 모습을 보이지 않으며 열심히 살았다.

카투사KATUSA(미 육군에 파견되어 근무하는 대한민국 육군)를 전역한 후 미군 관련 일자리도 있었지만, 부양해야 하는 가족들을 위해 역 주변에서 지게꾼부터 시작했다. 할 수 있는 일은 닥치는 대로 다 했고, 동생들도 부모님을 대신해서 키웠다. 가난했지만 불평 없이, 그리고 꿋꿋이 동생들을 같이 돌보아 주던 아내에게 한없이 감사했다.

그렇게 열심히 살던 그가 부모님을 생각하며 눈물을 참지 못했던 시기가 있었다. 바로 아이들이 태어나고, 그 아이들이 자라는 모습을 보며 자기 자신의 모습에서 부모님의 모습이 보였을 때였다. 그리고 그때 아내도 같이 울었다.

오인남 할아버지는 아이들을 생각할 때마다 미안하다는 생각이 떠나지 않았고, 지금도 마찬가지였다. 할아버지와 할머니는 너무나 바빠서 아이들 뒷바라지를 제대로 못 해 주었다는 생각에 항상 미안해했다. 그리고 아이들이 원하는 바를 할 수 있는 한 무조건 들어주며 오냐오냐 키웠지만, 아이들에게 느꼈던 미안한 마음을 보상받지는 못했다.

마침 옆 침대의 다른 환자에게 가족들이 찾아왔다.

"어떠세요?"

"아니, 바쁜데 왜 왔어? 며느리도 왔구나?"

바쁜데 오지 말라며 힘없이 손사래를 치고 있었지만, 아픈 상황에서도 옆자리 환자의 입꼬리는 한껏 올라가 있었다. 특히나 손주들을 볼 때는 다가서기 주저하는 아이들이 놀랄까 걱정하면서, 포근하고 환한 미소를 보여 주고 있었다.

그 모습을 보며 오인남 할아버지도 손주들을 생각했다. 얼마가 컸는지, 저번에 아팠다는데 지금은 괜찮은지…. 그립다거나 적적하다는 생각이 몰려오긴 했지만 스스로 주책이라고 생각했다.

저녁시간이 되면서 바람이 더 세차게 부는지 낙엽이 아까보다 더 많이 떨어지고 있었다. 떨어지는 낙엽과 함께 아내의 장례식 후 병이 도져 누워 있던 병실에 자식들이 모두 모였을 때가 떠올랐다. 오인남 할아버지는 산소마스크가 답답해 무의식적으로 벗어던졌지만, 누구도 그것을 알아차리지 못한 모습이었다.

"그러니까 어머니도 돌아가셨는데 그 집은 어떻게 할 거야?"

"아버지가 그냥 쓰고 계시면 되는 거 아냐, 오빠?"

"노인네가 얼마나 더 사실 것 같다고 그래?"

"그럼 우리가 들어가면 안 될까?"

오인남 할아버지는 그나마 신경을 많이 쓰지 못했던 막내딸에게 집을 주고 싶다는 생각도 들었다. 장남과 차남에 비해 딸아이에게는 전세금 정도 보태 주고 그쳤다는 것이 내내 마음에 걸렸다.

"왜? 아예 눌러앉으려고?"

차남의 핀잔과 함께 장남도 반대했다. 그러자 막내딸은 다시 칭얼대는 목소리로 말했다.

"아버지가 병원에 오래 계시면 병원비는 어떻게 하지? 그리고 퇴원하시면 누가 모시고?"

장남이 말했다.

"아까 의사 말에 따르면 나으시기 힘드실 것 같다고 하더라. 거기다가 장기 입원도 힘들어서 요양병원에 모시라고 하더라고."

"아니, 이놈의 나라는 세금을 그렇게 뜯어가면서 정작 해 주는 것도 없네. 부모 부양하면 뭔가 혜택 같은 거라도 있어야 하는 거 아냐?"

"그러면 여기 병원비랑 요양병원비는 다 어떻게 할 거야?"

차남이 다시 묻자 장남이 무표정한 표정으로 말했다.

"우리 돈으로 해 봐야 공제도 못 받으니까 부모님 집 처분해서 나눌까 생각하고 있어."

그러자 차남은 혹시 그 집의 자기 지분만큼 대출을 받을 수 있을지 물었고, 막내딸은 아버지가 살아 계실 동안 머물 수 있을지에 대해 다시금 물었다.

어둠이 몰려오기 시작하자 하나둘 켜지는 가로등을 보며, 오인남 할아버지는 아들들이 아직 어렸을 때 함께 구슬치기를 하며 놀아 주던 때를 떠올렸다.

"아빠 이기면 게임기 사 줄게!"

"정말?"

구슬치기를 하는 동안 아이들은 구슬을 살짝 숨기거나 홀을 짝으로, 아니면 짝을 홀이라고 거짓말하며 아빠인 자신을 속이려 했다. 하지만 그것을 뻔히 알고도 오인남 할아버지는 일부러 져 주며 아이들이 사고 싶은 게임기나 물건들을 안겨 주었다. 어차피 철이 들면 어른다워질 것이라고 생각했다.

그때의 장면을 떠올리며 오인남 할아버지는 생각했다. 아이들에게 미안하다고…. 특히 상대적으로 소홀히 여겼던 막내딸에 대한 미안함이 다시금 마음속에 다가왔다.

시간이 얼마 지났을까. 병실의 불이 다 꺼지고 모두가 잠이 들었을 때 그는 손주들과 자식들이 보고 싶다고 생각했다. 그리고 아내가 정말로 보고 싶었다. 북한에 두고 온 부모님과 고향 마을도 생각났다. 한 줄기 흐르는 눈물과 함께 인생의 모든 순간이 화살처럼 눈앞에 지나갔다.

오래지 않아 띠, 띠 소리를 내며 병실을 울리던 기계음이 뚜- 하는 소리로 바뀌었다.

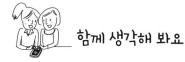

함께 생각해 봐요

본 내용은 『가정생활 나라면 어떻게 할까?』 에피소드 9 「내 아내 좀 잘 돌보아 주세요」, 22 「자녀분들은 안 오세요?」와 연계되는 내용입니다.

1. 오인남 할아버지의 이야기를 읽으며 어떠한 기분이 들었나요? 왜 그러한 마음이 들었을까요?

2. 오인남 할아버지는 자식들에게 어떤 마음을 가지고 있나요? 그리고 오인남 할아버지에 대한 자식들의 생각은 어떠한가요?

3. 내가 오인남 할아버지라면 자녀들의 대화를 듣고 어떤 말을 해 주고 싶은가요? 왜 그렇게 이야기하고자 하나요?

4. 내가 오인남 할아버지의 자녀들이라면 이와 같은 상황에서 어떻게 처신했을까요? 또, 어떤 마음가짐을 가졌을까요? 그 이유는 무엇인가요?

5. 국가나 사회가 노인 부양 문제를 효로써 개인에게 맡겨도 될까요?

아니면 효의 문제가 아니라 전적으로 국가나 사회의 책임 혹은 노인 개인의 책임으로 봐야 할까요?

6. 고령화 사회로 인해 노인 부양 문제는 사회 문제가 되기도 합니다. 사회 윤리 차원에서 볼 때 노인 부양의 책임은 사회와 개인 중 누구에게 얼마만큼 분배되어야 할까요? 그렇게 생각하는 이유는 무엇인가요? 노인 부양의 문제를 사회 복지 차원에서 담당할 필요가 있다면 어느 정도까지인지, 그리고 그렇게 생각하는 이유는 무엇인지 말해 봅시다. 만약 없다고 생각한다면 그 이유도 이야기해 봅시다.

함께 읽는 어른들에게

본 에피소드는 효뿐만 아니라 사회적 부양, 즉 사회 복지와 관련하여서도 생각해 보게 하는 이야기입니다.

불효부모사후회不孝父母死後悔라는 말이 있습니다. 주자십회朱子十悔에 나오는 말로써 부모님께서 살아 계실 때 효도를 다하지 못하면 부모님께서 돌아가신 뒤에 후회한다는 글귀입니다. 즉, 부모님께서 돌아가시고 나면 후회해도 이미 늦으니 그분들께서 살아 계실 때 효도해야 한다는 글입니다. 이 말은 자식이 부모를 부양하고자 하나 부모가 기다려 주지 않는다는 뜻을 지닌 고사성어인 풍수지탄風樹之歎과 유사합니다.

아이들은 아직 부모에 대한 효, 부양 등에 대해 깊이 생각해 본 경험이 많지 않을 것입니다. 그동안 자식들에게 효라는 이름으로 부여되던 부모 부양의 의무에 대해 사회와 국가의 분담 내지는 책임에 대해 논의해 보도록 합니다. 또한, 효의 의미와 그 변화된 모습, 그에 대한 도덕적 의미에 대해서도 생각해 봅시다.

본 에피소드를 통해 다음의 주제들을 아이들과 함께 토의해 보고, 효를 가족 윤리와 사회 윤리의 두 가지 차원에서 생각해 보기를 바랍니다.

- 효의 도덕적 의미
- 자녀 양육에 있어서 욕구 충족보다 도덕적 가르침이 필요한 이유
- 죽음에 대한 도덕적, 윤리적 의미
- 개인적 덕목으로써의 효와 사회 복지 차원에서의 사회 부양

그런데 진짜 타도 돼?

고통 약자와 그 배려의 문제

다리가 불편한 소미는 지하철 계단을 오르내리는 일이 늘 고생이었다. 그래서 지하철을 탈 때면 되도록 엘리베이터를 이용한다. 자주 다녀서 익숙한 길이지만 어디에서나 마주치는 계단은 소미에게 항상 큰 걸림돌이었다.

오늘은 봉사활동의 날이다. 학교에 가지 않고 친구들과 지하철역에 만난 후 모이는 장소로 가야 했다. 학교에서 가는 체험 활동이기 때문인지 지하철역에 친구들이 많이 보였다.

지하철역으로 내려가는 엘리베이터 앞에 영서와 미정이가 보였다. 영서와 미정이는 소미를 보자 반갑다는 듯이 손을 흔들어 보였다. 가볍게 웃으며 소미도 인사했다. 그때 같은 반 민배와 경만이도 이들을 알아보고 인사하며 말을 걸었다.

"오, 너희도 지금 가냐?"

"응."

"와, 잘됐다."

"응?"

"나 이거 처음 타 보거든?"

영서와 미정이도 그저 웃고 있었다. 지하철역 엘리베이터를 처음 타 보는 것은 마찬가지이기 때문이었다.

엘리베이터에 문 옆에 안내문이 하나 붙어 있었다.

「장애인, 노약자, 임산부 등 교통 약자가 먼저 이용하실 수 있도록 배려해 주시기 바랍니다.」

사실 하지 말라고 막거나 혼나는 일은 아니었지만, 아이들이 선뜻 발걸음을 떼지 못하도록 하는 문구였다.

안내 문구 때문에 눈치를 보는 동안 소미가 친구들 곁에 도착했다. 그제야 영서와 미정이는 엘리베이터의 버튼을 눌렀다. 하지만 아무리 기다려도 엘리베이터는 올라올 기미가 안 보였다. 한참 후 서서히 올라오는 모습이 보였다.

아이들이 있던 지하철 출입구 쪽은 계단이 꽤 길고 출근 시간도 가까웠기 때문에 무척 복잡했다. 그래서 엘리베이터가 느리게 올라오는 동안 그 앞에는 아이들뿐만 아니라 짐을 든 사람, 직장인, 그리고 연세 있는 어른들이 몰려 더 복잡해졌다.

"그런데 진짜 우리 이거 타도 돼? 여기…."

영서가 미정이를 보며 갸우뚱하더니 안내문을 가리켰다. 남자아이들도 웃기만 하고 별다른 말을 하지 않았다. 소미가 웃으며 말했다.

"다들 타는데, 뭐. 그리고 나랑 같이 가는 거잖아."

엘리베이터가 막 도착한 그때 저쪽에서 전동휠체어 한 대가 오고 있었다. 하지만 이미 먼저 기다리던 사람들이 다 타고 난 후라 공간이 거의 남지 않았다. 전동 휠체어가 들어오기에는 남은 공간이 턱없이 비좁았다. 전동 휠체어를 탄 사람이 "안 되겠네…."라는 혼잣말과 함께 먼저 가라고 말했다. 그러자 민배와 경만이가 엘리베이터의 남은 공간에 들어왔다. 경만이가 민배에게 말했다.

"너도 이거 처음 타 보지?"

"어. 나도 구경만 했지 타 보는 건 처음이야."

"그렇지? 나도 그래. 그런데 이거 왜 이렇게 안 닫혀?"

이것저것 버튼을 누르려는 민배에게 누군가 말했다.

"여긴 원래 느리게 다니는 데라 누르면 더 늦어진다."

민배가 멋쩍게 머리를 긁적였다.

잠시 후 목적지에 도착한 엘리베이터에서 사람들이 내리기 시작했다. 소미와 영서 그리고 미정이는 가장 안쪽에 서 있었기 때문에 다른 사람보다 늦게 내리게 되었다. 그런데 엘리베이터를 타려는 사람들이 틈을 비집고 들어왔다. 소미는 연신 "지금 내려요!"라고 말하며 엘리베이터에서 내려야 했다. 목발을 짚는 소미 입장에서는 엘리베이터에 타고 있던 사람이 다 내리지도 않았는데 안으로 밀고 들어오는 사람들이 더욱 신경 쓰였다.

복잡한 시간대에 지하철을 타는 것은 역시나 이래저래 힘든 일이다. 그래도 친구들과 함께 가는 길이라 소미에게는 그저 즐겁게만 느껴졌다.

함께 생각해 봐요

1. 지하철역 엘리베이터의 역할은 무엇일까요? 나는 지하철 엘리베이터를 이용해 본 적이 있나요? 어떤 경우였나요?

2. 소미는 왜 지하철 엘리베이터를 주로 이용하나요?

3. 소미와 함께 지하철 엘리베이터를 탄 친구들의 행동은 바람직한가요? 왜 그렇게 생각하나요?

4. 안에 탄 사람이 내리기도 전에 타려는 사람들이 엘리베이터로 밀고 들어올 때 소미는 어떤 기분이었을까요? 그 이유는 무엇인가요?

5. 교통 약자란 무엇인가요? 사회가 이들을 배려해야 하는 이유는 무엇인가요? 만약 사회적 약자가 배려받지 못하는 사회 시스템이 구성된다면 어떤 문제가 발생할까요? 내가 사회적 약자가 되었다면 어떤 기분과 마음이 들지 상상하며 이야기해 봅시다.

함께 읽는 어른들에게

본 에피소드는 우리 주변에서 흔히 볼 수 있는 지하철역 엘리베이터를 중심으로 아이들이 교통 약자의 입장에서 생각해 볼 수 있게 하는 이야기입니다. 아이들이 자기의 입장뿐만 아니라 다양한 사회 구성원의 입장에 서서 본 에피소드의 상황을 떠올려 보도록 도와주세요. 그리고 각각의 입장을 상상하고 느껴 보도록 충분한 대화 시간을 가지기를 바랍니다.

또한 배려할 교통 약자가 없을 때 지하철역 엘리베이터와 더불어 다른 교통 약자를 위한 시설을 이용하는 것은 어떻게 생각하는지에 대해서도 이야기 나누어 보기 바랍니다. 사회적 배려 행위에서 권장과 금지가 가지는 각각의 의미에 대해서도 아이들의 의견을 들을 기회가 필요합니다.

아이들이 본 에피소드를 통해 사회생활에서 지켜야 할 최소한의 윤리, 예절, 도덕을 생각해 보고, 이것들의 소중함을 되새겨 보는 계기로 삼기를 기대합니다.

저도 임산부예요
지하철 배려석 제도의 필요성

아이들이 탄 지하철은 외곽으로 나가는 것이라 사람들이 미어터
지도록 많지는 않았다. 덕분에 민배와 경만이는 한섭이와 일호를 자기
들이 있는 칸으로 불러올 수 있었다.

손잡이를 잡기 힘든 소미는 흔들리는 지하철에서 걸어 다니기는
둘째치고, 서 있는 것만도 꽤 고생하고 있었다. 이 모습을 본 영서와
미정이가 주변을 둘러보았지만, 마땅히 앉을 자리가 눈에 띄지 않았

다. 교통 약자석은 이미 나이 드신 분들이 앉아 있는 데다가, 그 주변에도 몇몇 나이 드신 분들이 자리가 생기기를 기다리고 있었다.

그때 민배가 소미에게 질문을 던졌다.

"그런데 소미야, 넌 봉사 체험 활동 안 가도 되는 거 아니었어?"

"사실 안 가도 되긴 하는데…."

소미는 잠시 머뭇거리다가 답했다.

"그냥 나도 하고 싶어서…."

경만이가 민배의 말에 맞장구치며 말했다.

"그래? 나라면 안 간다고 신났을 텐데!"

"맞아. 귀찮기만 하고. 딱히 놀러 가는 느낌도 안 들고…."

민배는 경만이와 함께 다시 말을 주거니 받거니 하는 모양이었지만, 소미는 살짝 쓴웃음을 지어 보였다. 그냥 하고 싶어서 하는 소미에게 사람들의 반응은 항상 이런 식이었기 때문이다. 하지만 이제는 소미도 이런 시선에 어느 정도 익숙해져 있었다. 민배나 경만이도 거들먹거리는 모습을 보이기는 하지만 악의가 없다는 것을 잘 알고 있었다.

경만이가 문득 손가락으로 출입구 쪽을 가리키며 말했다.

"어? 저기 자리 비었다."

경만이의 말한 자리는 출입구 쪽에 분홍색으로 표시한 임산부석이었다. 아저씨 몇 사람이 근처에 있었지만, 그 자리는 비워 둔 채 다들 서 있었다. 그리고 그 자리 앞의 바닥에는 다음과 같은 문구가 붙어 있었다.

「이 자리는 임산부를 위한 자리입니다. 양보해 주세요.」

아이들이 웃으며 자리를 바라보았지만 모두 그 자리에 가만히 서 있었다. 다음 역에 도착한 후에도 주변의 아저씨들, 새로 탄 사람들 모두가 먼 산 구경하듯 바라볼 뿐 자리를 계속 비워 두었다.

잠시 후 잘 차려입은 누군가가 구두 소리를 내며 다가오더니 그 자리에 앉아 버렸다. 앉지도 않을 빈자리를 막연히 바라보던 사람들은 누군가 그 자리에 앉자, 모르는 척하면서도 더 이상 그 자리를 바라보지 않게 되었다. 아이들도 마찬가지였다.

민배는 아까 하던 말을 이어서 했다.

"그런데 오늘 봉사활동 가는 데 숲 뭐라고 하던데 거기 산 아니냐? 소미 너 괜찮겠냐?"

민배의 말에 소미는 고개를 살짝 갸우뚱거리다 말했다.

"내가 찾아보니까 연수원 주변에 평지로 된 숲 지역도 있던데⋯. 적당히 갈 수 있는 데까지만 가야지, 뭐."

아이들이 이런저런 이야기를 하는 동안 또 다른 역에 지하철이 정차했다. 이번에는 배가 많이 나온 한 여성이 탔다. 편한 옷차림이라지만 손에 짐도 들고 있어서, 이 임산부뿐만 아니라 수다를 떨던 아이들도 무의식적으로 주변에 앉을 자리를 두리번거렸다. 그러나 딱히 앉을 자리가 없어 보였다.

민배와 경만이 등등 남자아이들이 무언가 자기들끼리 속닥거렸다. 곧 민배가 대뜸 임산부에게 눈인사와 함께 무언가를 말하면서 임산부석으로 다가섰다. 한섭이가 그만두라는 시늉을 하며 팔을 잡으려다가 포기하는 모습도 보였다.

민배는 살짝 미소를 띤 채로 임산부석에 앉아 있는 사람에게 다가섰고, 그 옆에는 배가 많이 나온 임산부가 서 있었다.

"저기."

"네?"

"저… 실례지만 자리 좀 양보해 주시면 안 될까요?"

"네?"

민배를 바라보던 눈이 살짝 가늘어졌다. 그리고 잠시 뒤 민배의 오른쪽에 서 있던 사람의 잔뜩 부른 배를 보더니 고개를 돌리며 쌀쌀맞게 대답했다.

"저도 임신했어요."

"네?"

그 대답에 민배가 살짝 당황한 얼굴빛을 보였다. 그러자 아까 민배를 잡으려다 만 한섭이가 민배를 자기 쪽으로 끌어당겼다.

"죄…죄송합니다."

민배는 머리를 긁적이며 임산부석에 앉아 있던 상대방과 자리를 만들어 주려 했던 임산부에게 살짝 목례했다.

"짜아식…. 그러게 왜 네가 나서서 상관하냐.

그러자 일호도 맞장구를 쳤다.

"맞아. 자기 일도 아니고 웬 오지랖? 괜히 창피하게…."

민배의 얼굴이 살짝 붉어졌고 경만이도 함께 머쓱한 얼굴을 해 보였다.

저쪽 자리 한편에서 어떤 아저씨가 일어나 배가 잔뜩 부른 임산부를 향해 손짓하며 말했다.

"여기 앉으세요. 여기!"

그 임산부는 연신 감사하다는 인사를 하고 그 자리에 앉았다.

"그러니까 니 일 아니면 자꾸 참견하지 말라니까…. 고맙다는 소리는커녕 괜히 창피당하잖아."

한섭이와 일호가 또다시 핀잔을 주자 민배는 손을 설레설레 흔들며 알았다고 신호를 보냈다. 그걸 바라보던 여자아이들은 방긋 웃고 있었다.

지하철은 아무 일 없었다는 듯 열심히 길을 달리고 있었다.

함께 생각해 봐요

1. 배가 많이 부른 임산부가 지하철 내에 서 있는 모습을 보고 민배는 어떤 기분이 들었나요? 왜 그랬다고 생각하나요?

2. 자리를 양보해 달라는 말에 자신도 임산부라는 대꾸를 들은 민배는 어떤 기분이었을까요? 그렇게 생각하는 이유는 무엇인가요?

3. 내가 민배라면 먼저 나서서 임산부석에 앉은 여자분에게 자리 양보에 대해 이야기했을까요? 왜 그런가요?

4. 지하철 배려석에 대해 알고 있나요? 지하철 배려석 제도는 왜 도입된 것일까요? 이것은 사회에 꼭 필요한 일인가요? 왜 그렇게 생각하나요?

5. 지하철 배려석에 앉을 자격이 있는 사람들은 어떤 사람들이라고 생각하나요? 그렇게 생각하는 이유는 무엇인가요?

6. 지하철 배려석 외에 지하철 내에 도입되어야 할 제도는 무엇이 있을까요? 왜 그것이 필요하다고 여기나요?

7. 나는 이러한 배려 행위가 권장 사항이 되어야 한다고 생각하나요, 아니면 의무 사항이 되어야 한다고 판단하나요? 그 이유는 무엇인가요?

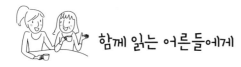

함께 읽는 어른들에게

본 에피소드는 실제 있었던 사례를 재구성한 것입니다. 실제 사례에서는 자리에 앉은 사람에게 양보를 권했던 사람이 그 역시 임산부임을 알고 무안해 하자, 옆에 있던 배가 많이 부른 임산부가 고맙다는 인사를 하고 내렸다고 합니다.

보통 초기 임산부는 겉모습으로 구별이 쉽지 않아 교통 약자석에 앉았을 때 서러운 일을 당하기도 합니다. 반면에 임산부석에 앉았더라도 임신하지 않았을 가능성도 있고, 거짓말을 했을 수도 있습니다. 종종 남자들이 앉아 있을 때도 있지요.

교통 약자석에 대한 반론으로 배려는 본인의 선택임에도 강제된다는 점을 들 수 있습니다. 노약자석이 지정된 후, 노약자석이 아니면 배려하지 않게 된 경우가 많아졌다는 점도 생각해 볼 수 있습니다. 아이들이 임산부석, 노약자석과 관련해 경험했던 일들을 나누고, 이에 대해 사회 윤리 차원에서 고민해 보도록 대화를 나누기 바랍니다. 그리고 본 에피소드와 유사하지만, 대상이 다른 경우들도 제시하며 이야기해 보기를 바랍니다.

아이들은 가상의 사례들을 만나 봄으로써 실제로 현실에서 만날 수 있는 상황에서 지혜롭고 도덕적으로 처신하는 사전 연습을 하게 될 것입니다.

개는 못 들어와요!

특수 목적견과 장애인복지법

목적지에 도착하자 영서와 친구들은 지하철에서 내려 봉사활동 장소로 향했다. 걷는 게 불편한 소미를 생각해서 조금 더 일찍 출발했는데, 이른 시간임에도 다른 친구들이 많이 보였다. 그중에는 인사를 하는 둥 마는 둥 하고 지나가는 한준이, 경재, 채림이, 주앙이가 있었고, 다른 반 아이들도 있었다.

영서와 친구들은 길을 잘 몰랐기 때문에 한준이 일행을 뒤따라갔다. 한준이 일행은 무엇인가에 흥분했는지 큰 소리로 떠들며 앞서가고 있었다.

"우리 집도 여기 자주 놀러 와~"

"너희도 여기 산장 같은 데 와서 자고 가는 거야?"

"우린 어제도 왔어. 여기 유명한 고깃집이 있거든."

"야, 너도 그 집 아는구나?"

영서는 그 대화를 들으며 '한준이 일행은 여기 자주 오는가 보다.' 하고 생각했다.

민배와 경만이 등도 다른 친구들을 만나더니 그 애들과 어울려 가고 있었다. 한준이 일행은 시끄럽게 떠들며 천천히 걷고 있었지만, 소미와 함께 가다 보니 따라가는 게 쉽지는 않았다. 다행히 그 애들이 편의점에 들어간 덕분에 횡단보도 근처에서 간신히 따라잡았다.

영서와 미정이 그리고 소미가 횡단보도 앞에 도착하자마자 조금 전에 편의점에 들어갔던 한준이 일행이 나와 마주치고 말았다. 서로 못 본 체하는 싸한 분위기였지만, 주앙이와 채림이의 살짝 내리깔듯 보는 눈빛은 여전했다.

신호를 기다린 지 얼마 되지 않아 초록불이 되었다. 보행신호를 기다리던 아이들이 천천히 길을 건너기 시작했다.

앞쪽에는 노란 옷을 입은 강아지를 데리고 가는 사람이 있었다. 그런데 풀린 신발 끈에 걸려 넘어질 뻔하자 거의 길을 다 건너간 위치에서 몸을 굽혀 신발 끈을 묶기 시작했다. 강아지는 주인의 옆에 가만히 서서 주변의 눈치를 보듯 두리번거리고 있었다.

빵빵!!!

"아이고, 깜짝이야!"

주앙이가 깜짝 놀라 소리를 질렀다. 갑작스러운 경적에 놀란 것은 주앙이만이 아니었다. 경적이 울렸음에도 강아지를 데리고 있던 사람은 끈을 묶느라 여념이 없어 보였다. 그러자 강아지가 재빨리 두 발로 주인의 무릎을 툭툭 쳤다. 강아지 주인은 그제야 주변을 보더니 일어나 마저 길을 건넜다.

"아니, 길도 다 안 건너고 그러고 있으면 어떻게 해요? 빨리 지나가든가 해야지."

길을 다 건넌 그 사람은 운전자에게 간단히 목례를 하고 가던 길을 걸었다. 그때 주앙이가 비아냥대는 목소리로 크게 말했다.

"하여간 민폐라니까, 민폐~!"

"저거 도로교통법 위반 아닐까? 길 막고 저러고 있으면?"

경재의 말에 한준이가 답했다.

"아마 그럴걸. 하지만 경찰에 신고하는 게 더 귀찮을 테니까…."

대화를 하며 아이들이 남은 길을 마저 건너기 시작했다. 길을 다 건너고 나자, 아까 노란 옷을 입은 강아지를 데리고 다니던 사람이 한 카페에 들어가려다가 직원에게 제지받는 게 보였다.

주앙이와 채림이가 그 모습을 보더니, 뒤쪽에 따라가는 영서 일행을 흘끔 쳐다보았다. 그리고는 또 커다란 목소리로 말했다.

"하여간 민폐 끝판왕이라니깐! 개를 데리고 가게 안에 들어가려고 하면 당연히 직원이 막지!"

"그러게 말이야. 사람이 상식이 없네."

그 사람에 대해 이러쿵저러쿵하며 한준이 일행은 멀리 보이는 목적지인 연수원 건물을 향해 재빨리 발길을 옮겼다. 이제 목적지가 눈앞에 보이니 딱히 서둘러 갈 필요가 없게 된 영서와 미정이는 소미에게 다 왔다며 여유 있게 가자고 말했다.

그와 동시에 영서 일행은 노란 옷을 입은 강아지와 그 주인의 곁을 지나가게 되었다. 그 사람은 말없이 자기 강아지의 옷을 가리키며 스마트폰에 무엇인가 쓴 것을 보여 주는 듯했다. 하지만 카페 직원은 난감한 표정을 지으며 손사래를 치고 있었다.

"글쎄, 안 된다니까요. 개는 안 돼요. 손님들이 싫어하신다니까요. 그리고 이 강아지는 안내견도 아니잖아요."

지금 보니 그 강아지 주인은 청각 장애인인 듯했다. 강아지의 노란 옷에는 '청각 도우미견'이라고 적혀 있었다. 영서나 미정이 등이 평소에 알고 있던 시각 장애인을 위한 안내견과 달리 조그마하고 귀여운 강아지였다.

영서가 지나가며 미정이와 소미에게 말했다.

"저 강아지 굉장히 귀엽다."

그러자 미정이가 답했다.

"나도 강아지 키우고 싶어. 그런데 아무리 그래도 반려견 데리고 가게에 들어가면 그렇지 않나?"

소미가 웃으며 답했다.

"저 강아지는 보청견이야. 청각 장애 있는 분들을 돕는."

"그래? 그런 강아지도 있어?"

소미의 설명을 들은 영서와 미정이의 눈이 살짝 커졌다. 그 말을 듣고 다시 뒤를 돌아보니 가게 직원은 이미 안으로 들어가서 안 보였고, 강아지와 함께 있던 사람은 어딘가로 문자를 보내는 듯 고개를 숙이고 스마트폰을 보는 모습이 보였다. 결국 가게에 들어가지 못해 약속 장소를 다시 잡는 듯했다.

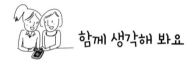

1. "글쎄, 안 된다니까요. 개는 안 돼요. 손님들이 싫어하신다니까요. 그리고 이 강아지는 안내견도 아니잖아요." 만약 강아지의 주인이 이 말을 들었다면 어떤 기분이 들까요? 왜 그렇다고 생각하나요? 직원의 제지는 정당한 것인가요? 왜 그렇게 생각하나요?

2. 안내견에 대해 알고 있나요? 안내견의 역할은 무엇인지 이야기해 봅시다.

3. 안내견과 함께 생활하는 분들은 어떤 사람들일까요? 이분들에게 안내견이 중요한 이유는 무엇인가요?

4. 장애인을 돕는 장애인 보조견에 어떤 종류가 있는지 알고 있나요? 또, 이 보조견을 대할 때 주의할 점은 어떤 것이 있나요?

5. 사회에서 배려의 대상의 범위는 어디까지일까요? 왜 그렇게 생각하나요?

6. 단순히 돕는 일을 넘어서, 배려를 하기 위해서는 어떻게 해야 인식을 늘리고 확장해 갈 수 있을까요?

함께 읽는 어른들에게

우리 사회에는 다양한 계층과 상황의 구성원들이 살고 있습니다. 사회 구성원들은 연령과 성별이 다르고, 피부색이 다르며, 종교와 가치관이 다르기도 합니다. 때로 건강하거나 건강하지 않은 경우도 있고, 신체의 장애를 가진 분들도 있습니다. 서로 다른 모습과 활동 영역을 가지고 있지만, 모두 우리 사회의 일원임은 분명합니다.

좋은 사회를 만들기 위해서는 구성원 간 돌봄이 필요합니다. 이러한 배려의 예들이 노약자석, 어린이 보호 구역, 노인 보호 구역, 장애인 지정 주차 공간 등과 같은 사회적 약자를 배려하고 보호하기 위한 제도들입니다. 약자를 배려하기 위해서는 단순히 돕거나 배려한다는 생각에서 나아가 그 대상에 관한 공부와 인식의 확대가 필요하게 됩니다.

예를 들어, '장애인복지법'이라는 것이 존재합니다. 그 내용 중 일부에는 다음과 같은 내용이 명시되어 있습니다.

제40조(장애인 보조견의 훈련–보급 지원 등) ①국가와 지방자치단체는 장애인의 복지 향상을 위하여 장애인을 보조할 장애인 보조견(補助犬)의 훈련–보급을 지원하는 방안을 강구하여야 한다.

장애인의 활동을 돕기 위한 특수 목적견은 그 종류가 다양합니다. 흔히 시각 장애인을 위한 안내견만을 떠올리지만, 청각 장애인을 위한 청각 장애인 보조견, 지체 장애인을 돕는 지체 장애인 보조견, 정신이나 신체적 장애가 있는 사람을 돕는 치료 도우미견도 있습니다. 이들은 모두 장애인복지법에 의해 보호받고 있기 때문에 특별한 사유가 없는 한 어느 곳이든 출입을 거부할 수 없습니다.

장애인들을 돕기 위해서는 단순한 온정주의가 필요한 것이 아닙니다. 진실한 마음과 관심 그리고 이들에 관한 적절한 공부가 있어야 합니다.

함께 읽는 어른들께서는 본 에피소드가 아이들이 사회적 약자에 대해 깊이 고민해 보는 계기가 되도록 돕기를 바랍니다.

지금 우리한테 빨리 건너라는 건가?

보행자의 안전과 도로교통법

연수원에 도착하려면 다시 횡단보도를 건너야 했다. 중간에 주차장으로 들어가는 입구가 있어서 종종 차가 멈추어 서 있기도 했다. 그러다 보니 횡단보도에는 한두 사람 정도 지나갈 정도의 공간만 남고 나머지 공간을 차들이 차지하고 있었다.

외곽 지역이기는 했지만, 숲에 휴양 시설이 있다 보니 차들도 많았다. 횡단보도 쪽으로 바짝 붙여 주차해 놓은 차들도 꽤 많았다.

끼익!!!

영서 일행보다 빠르게 길을 건너오던 어린 학생이 요란한 소리를 내며 멈추는 차량에 놀라서 얼굴이 빨개졌다. 횡단보도 가까이 세워 둔 차들 때문에 아이들의 눈높이에서는 도로에서 달려오는 차가 보이지 않았다. 그래서 안심하고 길을 건너다 차가 급하게 멈추니 놀란 듯했다. 아이는 당황한 듯 뛰어서 길을 건너기 시작했다.

그런데 주차장으로 들어가기 위해 가다 서다를 반복하던 차 사이를 지나가던 중, 또 어떤 차가 움직이다가 아이와 거의 충돌하기 직전에 멈추었다. 중앙선 쪽에 있던 차들은 횡단보도 정지선에 서 있었지만, 주차장으로 들어가려던 차들은 누군가 길을 건널지도 모른다는 것을 생각하지 않는 듯했다. 운전자가 급하게 차를 멈춘 상태에서 짜증 난 표정을 짓는 게 보였다.

두 번이나 사고가 날 뻔해서 그런지 횡단보도의 차들이 횡단보도를 널찍이 남겨 두거나 지나가려고 시도하지 않았다.

"그나마 지나갈 공간이 있어서 다행이야."

아까 아이와 충돌할 뻔했던 차가 지나간 공간에는 다음 차가 정지선 가까이 멈추어 서 있었다. 덕분에 세 사람은 서두르지 않고 천천히 횡단보도를 건너갈 수 있었다.

그때였다.

빵빵!!

아이들이 깜짝 놀라서 차들이 서 있는 오른쪽을 보았다. 정지선을 지키고 있던 운전자는 별 반응 없이 앞을 보고 있었다. 미정이가 말했다.

"아마 빨리 가라고 뒤차들이 경적을 울리나 봐."

빵빵!! 빵빵!!

경적이 더 신경질적이고 반복적으로 울리기 시작했다. 아이들은 당황한 표정을 지으며 횡단보도에서 걸음을 재촉했다. 하지만 소미가 지금보다 더 빨리 걷는 건 무리였다.

경적은 마치 아이들을 횡단보도에서 내쫓는 것 같은 분위기를 만들었다. 미처 횡단보도를 다 건너기도 전에 차들이 또 움직이기 시작했다.

이곳의 횡단보도에는 약간의 턱이 있어서 소미는 건너는 데 약간 더 시간이 걸렸다. 아이들 쪽으로 바짝 붙은 차량에 아이들은 더 위압감과 불안감을 느꼈다.

소미를 돕기 위해 영서와 미정이가 양옆으로 나란히 섰다. 그런데 이번에는 횡단보도 앞에 마구 세워진 전동 킥보드가 소미가 걷는 방향을 막고 있었다.

"뭐야, 진짜! 짜증 나게 막 세워 놨네!"

"그러게 말이야. 길 다 막고 다니기 힘들어."

영서와 미정이가 소미를 위해 전동 킥보드를 옆으로 치웠지만, 길이 좁은 탓에 약간의 틈밖에 만들지 못했다. 소미는 좁은 공간을 지나가기 위해 한창 애를 먹고 있었다.

간신히 틈을 지나자 이번에는 뒤에서 누가 딸랑딸랑 차임벨을 울렸다. 뒤에서 오던 또 다른 전동 퀵보드가 내는 소리였다. 소미를 중심으로 걷던 아이들이 최대한 한쪽으로 비켜 주긴 했지만 길이 좁은 것은 어쩔 수 없었다.

퀵보드를 탄 사람들이 빠르게 영서와 친구들을 지나쳐 갔다. 그때 미정이가 다른 아이들에게 말했다.

"애들아, 너희도 들었지?"

"응."

"우리한테 길 비켜 달라고 부탁하면 되지, 욕하면서 가더라고! 정말 왜 저러지?"

지나간 퀵보드에는 두 사람이 타고 있었다. 그리고 운전자는 머리카락에 뭐가 붙었는지 손으로 쓸어내리며 털고 있었다. 그리고 얼마 안 가 길 가장자리에 퀵보드를 대충 세워 놓고 어디론가 가 버렸다.

잔뜩 짜증 난 얼굴의 미정이가 영서와 소미를 바라보며 말했다.

"저거 가서 발로 확 차 버릴까?"

"진짜 마음은 굴뚝같다!"

아이들은 화풀이 대신 웃고 말았다. 그런데 뒤에서 또 딸랑딸랑 하는 소리가 들렸다. 이번에는 자전거였다. 세 사람이 뒤를 돌아보며 길을 비키기는 했지만, 아까 퀵보드를 탄 사람들처럼 자전거에서 내리지 않은 채 좁은 길을 무리하게 지나가려고 했다.

자전거가 옆을 지나치는 순간 소미의 목발과 뒷바퀴가 부딪쳤다. 소미가 크게 놀랐지만, 자전거는 뒤도 돌아보지 않고 앞으로 달려갔다. 소미가 한숨을 쉬며 말했다.

"오늘 무슨 날인가 보다."

영서와 미정이가 소미를 위로했다.

"그냥 액땜한다고 생각해야지, 뭐…."

"그래, 일찍 왔으니 그나마 다행이라고 생각하자. 이제 사람들 몰려온다."

세 사람의 뒤편으로 봉사활동에 참여하는 학교 친구들이 본격적으로 떼를 지어 몰려오고 있었다.

1. 횡단보도를 건널 때 울린 경적을 들은 소미는 어떤 기분이었을까요? 나도 소미와 같은 상황이었던 적이 있나요? 그때 나는 어떤 기분이 들었나요?

2. 신호에 맞추어 횡단보도를 건너는 아이들에게 경적을 울린 차량 운전자의 행동은 적절했나요? 왜 그렇다고 생각하나요?

3. 인도에서 퀵보드에 탄 사람들의 태도에 소미는 어떤 기분이 들었을까요? 왜 그렇다고 생각하나요? 나도 소미와 같이 인도에서 퀵보드나 자전거를 탄 사람에 의해 불편함이나 위협감, 불쾌감을 느낀 적이 있나요? 언제, 어떠한 상황이었나요?

4. 경적을 울린 차량 운전자와 인도에서 차임벨을 울린 퀵보드·자전거를 탄 사람들이 공통적으로 잘못한 것은 무엇일까요? 왜 그 사람들은 그러한 잘못을 저지르게 되었나요? 이러한 것들을 바로잡기 위해 사회가 해야 할 일은 무엇인가요? 왜 그렇게 생각하나요?

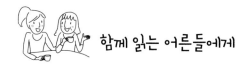 함께 읽는 어른들에게

자동차가 많아지면서 도로에서 아이들이 사고를 당하는 경우가 늘어났습니다. 최근에는 전동 퀵보드 사용자가 늘면서, 인도에서조차 아이들의 안전을 보장하기 어려운 상황이 자주 연출됩니다.

본 에피소드를 아이들과 함께 읽으면서 도로교통법규에 대해서 알려 주는 기회가 되기를 바랍니다. 특히 다음 '도로교통법' 법률을 함께 읽으며, 보행자의 보호에 대한 내용을 아이들과 함께 확인해 보기를 바랍니다.

제13조의2(자전거등의 통행방법의 특례) ① 자전거등의 운전자는 자전거도로(제15조제1항에 따라 자전거만 통행할 수 있도록 설치된 전용차로를 포함한다. 이하 이 조에서 같다)가 따로 있는 곳에서는 그 자전거도로로 통행하여야 한다. 〈개정 2020. 6. 9.〉

제13조의2(자전거등의 통행방법의 특례) ③ 자전거등의 운전자는 길가장자리구역(안전표지로 자전거등의 통행을 금지한 구간은 제외한다)을 통행할 수 있다. 이 경우 자전거등의 운전자는 보행자의 통행에 방해가 될 때에는 서행하거나 일시정지하여야 한다. 〈개정 2020. 6. 9.〉

제27조(보행자의 보호) ① 모든 차 또는 노면전차의 운전자는 보행자(제13조의2제6항에 따라 자전거등에서 내려서 자전거등을 끌거나 들고 통행하는 자전거등의 운전자를 포함한다)가 횡단보도를 통행하고 있을 때에는 보행자의 횡단을 방해하거나 위험을 주지 아니하도록 그 횡단보도 앞(정지선이 설치되어 있는 곳에서는 그 정지선을 말한다)에서 일시정지하여야 한다. 〈개정 2018. 3. 27., 2020. 6. 9.〉

이러한 안전 규정이 도덕적, 윤리적으로 어떤 의미를 지닐 수 있으며, 서로 간의 예절로써 적용해야 할지 논의해 봅시다.

만약 이제까지 알던 것이나 행동한 것과 달랐다면 그 이유는 무엇이고, 무엇이 부족했는지 생각해 봅시다. 그리고 배려나 예절로써, 또 법 규정으로써의 교통질서를 무시하거나 가볍게 보지 않았는지도 논의해 봅시다.

나무만 많이 심으면 되는 거 아니에요?

자연 보호와 개발 사이의 균형 찾기

봉사활동을 시작하기 전, 강당에 모여 강연을 들어야 했다. 강연자는 어떤 할아버지였는데, 산림청에서 일했었다는 듯했다.

"안녕하세요, 여러분?"

"안녕하세요."

학생들 중 일부만 답례 인사를 했다. 어떤 아이들은 몰래 스마트폰을 보거나 자기들끼리 소곤거리고 있었다.

"오늘 이거 언제 끝나는 거냐?"

"숲에서 청소하고 그러다 끝나는 거 아냐?"

살짝 강당이 어수선해졌다. 하지만 강연자는 웃으며 큰 소리로 질문했다.

"여러분, 민둥산이라는 말 들어 보셨나요?"

아이들은 당연하다는 듯이 "네!" 하고 대답했다. 하지만 일부는 못 알아들었는지 소곤거리며 뭐냐고 묻기도 했다. 또 어떤 아이는 "아무 것도 자라지 않는 산이요."라고 대답하기도 했다. 강연자가 웃으며 말했다.

"다들 아나 보네요. 그럼 여러분, 민둥산을 본 적이 있나요?"

아이들은 별달리 대답하지 못했다. 일부 아이들은 영화에서 봤다 거나 너튜브에서 봤다거나 하는 말을 혼잣말처럼 떠들고 있었다.

"자, 그럼… 선진국 중에서 국토 대부분이 민둥산인 곳 혹시 아나 요?"

"…"

"여러분은 잘 모르겠지만, 여러분의 할아버지 할머니들이 젊으셨 을 때만 해도 우리나라 많은 산이 민둥산, 다시 말해 벌거숭이 산이었 답니다."

아이들은 오늘 강연에서 숲의 유용한 점, 온실가스 문제, 나무 심 기 또는 환경 문제 같은 이야기를 들을 거라고 생각하고 있었던 터였 다. 하지만 전혀 색다른 이야기를 듣자 무언가 솔깃해졌는지 점점 집 중하는 분위기였다.

"그러면 또 다른 질문을 드릴게요. 혹시 오늘 주제인 경제 발전과 숲 가꾸기는 어떻게 다루어야 한다고 생각하세요?”

그러자 경재가 큰 소리로 답했다.

“공해 산업은 줄이고, 재생 에너지가 우선되어야 하고…. 그래야 온실 가스 문제를 해결할 수 있어요. 나무도 많이 심고요.”

“네, 좋은 답이에요. 그러면 다시 물어볼게요. 만약 화석 연료를 쓰는 발전소를 줄이기 위해서 태양광 발전을 더 많이 설치해야만 한다면 어떻게 해야 할까요? 산에 있는 나무들을 베고 태양광 시설을 지으면 그건 환경에 좋은 일일까요, 아님 피해야 되는 일일까요?”

“그건… 더 많은 나무를 심으면 됩니다.”

강연자는 살짝 미소 지으며 말을 이었다.

“앞으로 나아가기 위해서는 항상 우리의 역사를 기억할 필요가 있어요. 우리가 역사를 잊어버린다면 똑같은 잘못을 반복해서 저지르거나 잘못된 판단을 내릴 가능성이 크니까요. 그럼 세계에서 경제 발전과 산림 녹화를 동시에 성공한 나라는 어느 나라인지 아나요?”

또 다른 질문이 이어졌지만, 아무도 답을 하지 못했다.

“그건 우리나라예요. 전 세계에서 유일한 경우죠. 하지만 그건 단순히 나무를 심기만 해서 거둔 결과가 아니에요.”

강연자 옆으로 재생된 화면에 모래와 자갈로만 뒤덮인 산의 모습이 보였다. 그리고 그게 과거 우리나라의 산이라고 했다.

일제 강점기에는 산림 수탈(강제로 빼앗음)이 있었고, 6·25 전쟁을 지나며 많은 사람이 나무를 베어 밥을 짓거나 난방을 하면서 숲이 더욱 황폐화되었다고 했다. 그래서 당시는 산에 당연히 나무가 있을 것이라는 생각조차 꿈꾸기 힘든 시절이었다고 한다. 산에 나무가 없으니 2~3년 주기로 홍수가 오고 가뭄 피해도 커서 경제적으로도 더욱 어려워졌다고 했다.

나라에서는 1948년부터 사방 사업(황폐지를 복구하거나 산, 강가, 바닷가 등의 흙과 모래가 비바람에 떠내려가거나 붕괴되는 것을 예방하기 위한 사업)을 시작하며 나무 심기에 더욱 힘을 기울였다고 한다.

"이때부터 어떤 친구들이 말한 대로 본격적으로 나무 심기를 시작했어요. 물론 1950년에 6·25 전쟁이 있기는 했지만, 전쟁 후에도 별다른 성공을 거두지 못했어요. 왜 그랬을까요? 분명 나무 심기를 잘하고 있었는데?"

아무도 대답하지 못했다. 잠시 답변을 기다리던 강연자가 말을 이었다.

"그건 당시 국민들이 너무 가난했고, 모두 나무를 베어다가 밥도 짓고 난방도 했기 때문이었어요. 연탄도 있기는 했지만, 당시에는 부자들이나 쓸 수 있었거든요. 그러다 보니 나무를 심어 봐야 뿌리를 내리기도 전에 누가 베어 가거나 훔쳐 갔어요. 그럼 이런 문제를 어떻게 해결했을까요?"

그때 경재 옆에 있던 한준이가 으스대는 목소리로 크게 말했다.

"법으로 강하게 처벌하면 돼요."

"네, 맞아요. 그래서 당시에 '도벌'이라고, 나무를 도둑질하면 처벌하기도 하고 그랬어요. 하지만 사람들이 너무 가난해서 소용이 없었죠. 생계형 도벌이라고 해서, 사람들은 오히려 도둑질한 사람들을 불쌍하다며 동정하기도 했어요. 이런 일들이 생기면서 정부에서는 국민의 연료 문제를 해결해야 한다는 것을 깨닫게 되었죠. 그래서 '연료림'이라고 나무를 벨 수 있는 구역을 따로 지정해 주기도 했어요. 그러다가 강원도 '정선선', '태백선'이라는 석탄을 나를 수 있는 철로가 개통되면서 본격적으로 연탄을 쓸 수 있게 되었어요. 물론 요즘은 석탄이 공해의 원인으로 지목되긴 하지만 말이에요."

어느덧 강단 화면에는 철도가 개통되는 모습과 함께 아궁이에 연탄을 집어넣는 어떤 아주머니의 영상이 보였다.

"정부에서는 연탄 보급률을 높이기 위해서 연탄만 공급한 것이 아니라, 연탄 규격의 표준화와 주택 개량 작업까지 국가적으로 시행했어요. 그러면서 더더욱 산림 녹화에 힘을 실었지요."

다음 장면은 공장에 모여 앉은 사람들이 무언가를 만드는 모습이었다.

"그뿐만이 아니에요. 도로가 늘어나면서 시골에도 새마을 공장이 들어오고, 농가 소득원이 늘어났어요. 그러다 보니 산에서 나무를 베는 것보다 공장에서 일하는 것이 더 돈도 많이 벌고, 연탄도 충분히 얻을 수 있게 되었지요. 그러면서 사람들이 도벌하는 일이 점점 줄어들게 되었어요."

이후 우리나라의 제1호 임학(나무와 숲을 경영하는 사업에 관한 이론과 그 운영 방법을 연구하는 학문. 산림학, 삼림 경영학, 삼림 생산학 등) 박사였던 고 현신규 박사님 소개와 그분의 업적, 나무를 심는 것뿐만 아니라 너무 척박해진 우리나라 산에서 나무가 자라게 하려고 얼마나 많은 사람이 힘들게 고생했는지에 대한 이야기들이 이어졌다.

"우리가 지금은 당연하게 보는 나무와 숲의 모습은 위대한 맨손의 역사이고, 가난의 굴레에서 벗어나기 위한 고통의 역사라고 할 수 있어요. 또한 막연히 환경을 위한다고 생각 없이 행동하기보다는 그 환경과 우리가 어떻게 함께 번영할 수 있는가를 고민해야만 얻을 수 있는 결과인 거예요. 이런 역사를 잘 알고, 앞으로도 자연에 관심을 가지며 올바르게 보존하는 것이 진정 우리의 나무와 숲 그리고 환경을 사랑하는 태도가 되겠지요?"

박수와 함께 봉사활동의 첫 시간은 이렇게 끝을 맺었다.

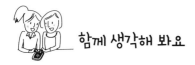

함께 생각해 봐요

1. 민둥산이라는 단어를 들어 본 적이 있나요? 과거 우리나라는 왜 산
   림 문제로 어려움을 겪었나요?

2. 인간과 자연은 어떤 관계를 맺고 있을까요?

3. 자연 개발과 자연 보호는 각각 인간에게 어떤 도움을 주고 있나요?

4. 과거의 나무 심기 혹은 다른 나라들의 나무 심기 캠페인이 실패했
   던 이유는 무엇일까요? 우리나라는 그 해결을 위해 어떤 노력을 했
   나요? 그 노력을 단기적 환경 운동과 장기적 환경 운동의 관점에서
   각각 평가해 봅시다.

5. 구호로써의 환경 운동(실질적인 행동 없이 환경이 중요하다고 말만을 내
   세우는 것)과 실제 문제 해결에 기반한 환경 운동은 어떤 차이가 있
   나요? 단기적 · 중장기적 시각에서 어떻게 평가할 수 있으며, 이를
   환경 문제와 더불어 우리 사회의 사회적, 도덕적 문제 등에 적용해
   서 생각할 수 있을까요?

6. 환경 보호의 문제와 도덕적 · 윤리적 문제가 어떻게 연결될 수 있는 지 논의해 봅시다.

7. 환경 보호 문제, 교육 문제, 도덕적 · 윤리적 문제가 왜 현실적인 접 근을 필요로 하는지에 단기적 관점과 중장기적 관점을 비교해 가며 논의해 봅시다.

　세계적으로 경제 발전과 산림 녹화를 동시에 성공한 나라는 대한
민국뿐입니다. 이는 국민의 에너지와 치밀한 행정력 그리고 기술력의
뒷받침으로 이루어진 합작품입니다.

　아이들이 본 에피소드를 통해 환경 문제, 자연 보호, 개발과 보호
의 균형 등에 대해 숙고할 계기를 제공하기 바랍니다. 환경에도 기반
시스템과 인간의 필요를 감안한 정책 마련이 요구된다는 점도 함께 토
의해 볼 수 있습니다. 그리고 고 현신규 박사에 대해서도 이야기 나누
어 보기 바랍니다. 그는 우리나라 최초의 임학박사로서 신품종 육종,
종자의 채취 및 보관, 정책 수립 측면 등에서 큰 기여를 한 인물로 평
가받고 있습니다.

　과거 민둥산의 원인이 된 도벌 문제에서도 알 수 있듯이, 사회와
국가의 발전을 위해서는 국민들의 의식의 수준도 높일 필요가 있습니
다. 그리고 국민 의식 수준을 높이기 위해 실질적으로 사회적 뒷받침
이나 지원이 함께 병행되어야 하기도 합니다. 이런 관계를 생각하면서
중장기적 관점에서 어떤 방법이 우리 사회를 발전시킬 수 있을지에 대
한 논의를 해 보는 것도 좋을 것입니다.

　또한 우리나라 사회 전반의 도덕과 윤리 의식을 높이려면 어떤 것
이 필요하다고 생각하는지 아이들의 이야기를 들어 보기를 바랍니다.

에피소드 25

짐승들이야 알아서 먹고살겠지!
생태계를 위한 배려와 자연공원법

강연이 끝난 다음 환경 정화 활동이 이어졌다. 소미는 하는 데까지 해 보겠다고 하면서 영서, 미정이와 함께 숲을 걸으며 쓰레기를 줍는 것을 도왔다. 그런데 숲속에서의 봉사활동은 환경 정화 활동이 전부가 아니었다. 숲을 보호하기 위해 함부로 숲 안쪽에 들어가거나 채취하지 않도록 홍보하는 일도 포함되었다.

영서와 미정이는 숲 안쪽으로 깊이 들어가기보다는 가장자리 쪽으로 가자고 이야기했다. 숲 가장자리는 비교적 한산한 편이었다. 여기저기 부모님과 함께 놀러 온 아이들도 보이고, 벤치에 앉아 대화하는 사람도 보였다.

벤치 옆 조그만 바구니에는 나물들과 도토리들이 담겨 있는 듯했다. 영서는 벤치가 있는 쪽으로 다가가 사람들에게 외쳤다.

"저기요! 숲 안쪽으로 들어가지 마시래요!!"

"뭐라고?"

숲 안쪽에서 무언가를 캐던 사람 중 한 명이 고개를 돌리며 무슨 일이냐고 되물었다. 그러자 벤치에 앉아 있던 사람이 대신 답해 주었다.

"학생들이 거기서 나오래!"

그러자 안쪽에 있던 사람들은 살짝 어이없다는 듯 말했다.

"아니, 왜?"

"그러게?"

미정이가 영서를 도와 말했다.

"저희는 봉사활동 하는 학생들인데요, 숲 안쪽에 들어가지 마시라고 알리고 있어요. 그리고…."

그러자 숲 안쪽에 있던 누군가가 말했다.

"왜? 여기서 고기 구워 먹는 것도 아닌데?"

"맞아. 누구 땅도 아니고…."

소미도 용기를 내어 그다음 말을 했다.

"그리고 거기서 채취 같은 거 하지 마시래요…."

"저기 푯말도 있잖아요."

영서와 미정이도 한 편에 걸려 있던 플래카드를 가리키며 거들었다. 플랜카드에는 임산물(산림에서 나는 물품)에 대한 채취를 금지하고 있고, 다람쥐가 먹을 도토리를 채취하지 말자고 쓰여 있었다.

"아무튼 채취하시면 안 된대요!"

하지만 안에 있던 사람들은 오히려 이상하다는 듯 대꾸했다.

"지금이 한창인데? 그리고 학생들이 몰라서 그래. 이거 살짝 데쳐서 고추장에 비빔밥 해 먹으면 정말 맛있는데?"

"그런데 요즘 애들은 나물 같은 거 안 먹나?"

"그러게. 맛을 모르니까 저러는지도? 애들이 풀 냄새를 싫어해서 그런지도 몰라."

"아~ 그렇지. 애들이 봄 나물만 들어서 모르나 봐. 학생들 가을 나물도 많아!"

"그리고 이 도토리도 묵 쑤어 먹으면 맛있어. 아! 요즘 애들은 도토리묵도 안 먹나?"

"그 맛있는 걸 안 먹으니…. 요즘 애들은 참…."

"…."

아이들의 말이 어른들의 대화 소재가 되어 버린 것 같은 분위기였지만, 아이들은 자기보다 나이 많은 어른들에게 더 이상 아무 말도 하지 못했다. 그러나 잠시 뒤 아이들은 다시 어른들에게 그만 두시라고 말했다.

"도토리 줍지 마세요. 겨울에 다람쥐들이 먹어야 하는 거라 그렇게 막 가져가시면 안 된대요."

"다람쥐?"

"다람쥐들 먹어야 한다고 가지고 가지 말라네."

"사람 먹기도 바쁜데 뭔 놈의 다람쥐까지 신경을 써?"

"그러게. 짐승들이야 알아서 먹고살겠지. 우리가 왜 짐승까지 신경을 써야 한대?"

벤치 쪽에 있던 사람은 아이들의 눈치가 보였는지 다른 일행에게 그만 가자고 했지만, 숲 안에 있던 사람들은 조금만 더 하자고 말했다.

그때 다른 편에서 숲 관리 직원이 다가와 사람들을 막기 시작했다.

"어서 나오세요. 어서요!"

관리인이 와서 소리치자 사람들은 그제야 숲 안에서 나오기 시작했다. 못마땅한 모습이 역력했지만, 상대방이 관리인이라는 것을 알아보자 입으로만 투덜거릴 뿐이었다. 그리고 들고 있던 바구니들과 함께 벤치 옆에 두었던 짐들도 가져가려고 했다. 그러자 관리인이 다시 소리치며 제지했다.

"채취한 거 다 두고 가세요."

"아니, 왜?"

"맞아. 우리가 일찍부터 와서 고생한 건데 너무한 거 아냐?"

"불법 임산물 채취라 범죄예요."

그리고 손으로 현수막을 가리켰다. 현수막에는 임산물 무단 채취가 불법이며, 단속을 강화한다는 문구가 쓰여 있었다. 그러자 사람들이 투덜거리며 채취했던 것을 내려 놓았다.

"참, 나. 인심 한번 야박하네. 사람이 어째 정이 눈곱 만큼도 없어?"

"그러게 말이야. 세상 참 각박해졌어."

"누가 아니래?"

관리인이 내려 놓은 도토리와 나물을 압수하는 모습을 보던 사람들이 오히려 그 행동을 비난했다.

영서와 미정이 그리고 소미가 그 모습을 조용히 바라보는 가운데, 불어오는 서늘한 가을바람이 상기된 아이들의 뺨을 가볍게 식혀 주고 있었다.

함께 생각해 봐요

1. 나물과 도토리를 채취하던 사람들은 아이들이 이 행동을 제재했을 때 어떤 기분이 들었을까요? 이에 대한 이 사람들의 언행은 정당한 가요? 왜 그렇게 생각하나요?

2. 어른들은 왜 아이들의 경고를 무시했을까요? 이러한 어른들의 태도는 적절한 것인가요? 왜 그렇게 생각하나요?

3. 내가 영서, 미정이, 소미였다면 이러한 모습을 보이는 어른들에게 뭐라고 말하고 싶은가요? 그 이유는 무엇인가요?

4. 본 에피소드와 유사한 사례를 경험한 적이 있나요? 언제, 어디에서, 어떤 상황이었나요?

5. 왜 산에서 도토리를 주워 가지 못하게 할까요? 이런 금지는 바람직한가요? 그 이유는 무엇인가요?

6. 인간에게 산에 사는 동물을 보호할 의무가 있나요? 왜 그렇게 생각하나요?

7. 지속적인 개발과 자연 보호를 위해 내가 할 수 있는 일들은 무엇이 있을까요?

8. 도토리와 나물과 같은 임산물들은 실제로 누구의 소유일까요? 채취하는 사람들에게 그럴 권리가 존재하나요? 만약 자기 소유의 땅이나 산에서 누군가 채취한다면 어떨까요?

9. 자연 보호와 동물과 식물을 위한 보호나 배려는 도덕적·윤리적으로 어떻게 이해하고 연결할 수 있을까요? 이는 우리 자신의 인성과 인격 교육에 어떤 도움을 줄까요?

함께 읽는 어른들에게

　본 에피소드는 아이들이 알아야 할 '자연공원법'에 대해 다루고 있습니다. 이 법률은 자연생태계와 자연 및 문화경관 등을 보전하고 지속 가능한 이용을 도모함을 목적으로 한다고 명시하고 있습니다. 그러나 많은 어른이 이 법에 대한 인식이 저조합니다.

　　제1조(목적) 이 법은 자연공원의 지정-보전 및 관리에 관한 사항을 규정함으로써 자연생태계와 자연 및 문화경관 등을 보전하고 지속 가능한 이용을 도모함을 목적으로 한다.

　많은 사람이 봄이나 가을이면 산에서 나물을 캐어 가기도 합니다. 그런데 산에서 식물의 채취는 법으로 금지되어 있습니다. 소유자 허락 없이 산나물 등을 채취하면 처벌받을 수 있으며, 임산물 불법 채취는 도둑질로 간주됩니다.

　채취뿐만이 아니라 주워 가는 것도 문제될 수 있습니다. 국 · 공립 공원만이 아니라 보통의 산에서도 산나물, 약초, 열매를 캐거나 뜯어 가면 자연공원법과 산림보호법에 따라 처벌받을 수 있습니다. 채취가 아닌 떨어진 것을 그냥 줍는 것은 법 위반이 아니지만, 산이나 땅 주인이 알게 될 경우 민사 문제가 될 수 있습니다.

아이들과 자연공원법이 자연생태계 보전과 지속 가능한 이용을 위한 것임을 생각하면서 이 법의 의미에 대해 토의해 보기 바랍니다.

임산물 채취 금지는 동물 윤리 차원과도 연결됩니다. 야생동물의 먹이를 보전하여 동물들이 생존하도록 돕기 때문입니다. 그러나 이에 대한 비판 의견도 존재합니다. 도토리의 경우 아무리 사람이 주워 간다고 해도 모조리 주워 갈 수는 없기에, 여전히 야생동물은 살아 남을 수 있다는 주장이 있습니다. 또는 사람들이 언제부터 그렇게 야생동물까지 살뜰히 챙기는 인도주의적 인간이 되었는가 반문하기도 합니다.

이처럼 다양한 관점에 대해서도 아이들과 논의해 볼 필요가 있습니다.

버리는 음식물이 너무 많아서 그런가 봐

도덕적 창의력이 필요한 이유

여기까지

"오늘은 뭐가 나오려나?"

아이들에게 학교생활의 진짜 시작은 급식 시간일지도 모른다.

영서는 까치발을 하고 배식대를 구경하고 있었다. 그때 뒤에 서 있던 미정이가 영서에게 말했다.

"애들이 왜 식판을 보고 있지?"

"그래? 왜 그러지?"

줄 건너편에는 급식실에 미리 들어갔던 소미가 천천히 자리에 앉는 모습이 보였다. 영서와 미정이도 배식대 가까이 오자 각각 하나씩 식판을 들었다.

"어라?"

미정이가 영서를 보며 왜 그러냐고 물었다. 그러자 영서는 손가락으로 식판을 가리켰다.

"식판이 왜?"

자세히 보니 스테인리스 식판의 밥 칸과 반찬 칸에 선이 그어져 있었다. 그리고 선 근처에는 밥공기 그림이 그려져 있었고, 나머지 반찬 칸이나 국 칸에는 절반 정도 되는 곳에 선이 그어져 있었다.

"얼마큼 줄까?"

아이들이 주저하는 모습을 보자 배식을 담당하시는 분이 간단히 설명해 주었다.

"먹을 만큼 말해. 그 안에 선 그어져 있지? 반 공기 먹을지, 한 공기 먹을지 생각해서 말하면 돼. 반찬도 마찬가지고."

설명을 들은 아이들은 식판의 선을 확인해 가며 자기 순서를 기다리고 있었다. 그리고 각자 원하는 양을 말하면 식판에 그어진 줄에 따라 밥과 반찬들을 덜어 주었다. 음식을 받은 영서와 미정이는 소미 옆에 앉았고, 다른 아이들도 하나둘씩 자리를 잡고 앉았다.

"여기 선 그은 게 그런 거구나."

"난 또 뭔가 했어."

옆에 앉았던 같은 반 친구인 민지와 도경이도 한마디씩 거들었다.

"그러게. 밥 한 공기가 딱 이 정도구나."

"어쩐지 항상 밥이 남는다 했어."

아이들은 자기가 먹는 밥의 양을 직관적으로 볼 수 있다는 것을 신기해 했다.

"그러고 보니 뭔가 벽이 깨끗해진 느낌이…."

미정이가 벽을 보며 말하자 아이들이 맞장구쳤다.

"그러게. 뭔가 없어졌는데, 그게 뭔지 기억이 안 나네."

잠시 후 소미가 눈을 반짝이며 말했다.

"밥 남기면 벌금 낸다는 경고문 아니야?"

"아, 맞다!"

아이들은 소미의 말을 듣고야 벽에서 없어진 문구가 생각났다. 음식물을 남기지 말자는 포스터는 그대로 붙어 있었지만, 음식물을 남기면 벌금 천 원이라는 문구는 이제 보이지 않았다.

"설마 이 식판으로 바꾸면서 그 문구도 함께 없앤 거야?"

민지는 식사를 하다 말고 스마트폰으로 무언가를 찾고 있었다.

"이거 이름이 무지개 식판이래."

"그냥 줄 몇 개 그은 건데?"

"학생들이 발명한 거라는데?"

"그래?"

"이걸로 학교 음식물 쓰레기를 70%나 줄였대."

"오, 대단한데!"

아이들이 대화하는 사이 소미가 자리에서 일어나며 배식대로 향하려고 했다. 그러자 옆에 앉아 있던 영서가 얼른 소미에게 물었다.

"밥 더 퍼다 줄까? 반찬은?"

소미가 웃으며 말했다.

"반 공기 조금 안 되게. 다른 반찬 말고 어묵조림 반 정도만 더 부탁해."

영서가 배식대로 간 사이 아이들은 계속 이야기했다.

"대단하네. 몇 줄 그은 게 그런 효과가 있다니…."

"아무래도 원하는 만큼 음식을 달라고 할 수 있으니까 그렇지 않을까? 그래도 욕심부리면 다 소용없겠지만… 하하."

"근데 우리 학교도 잔반 모아서 가축들 사료로 쓴다고 하지 않았나? 우리나라는 그나마 음식물 쓰레기를 잘 재활용하는 것 같은데…."

그러자 민지가 웃으며 말했다.

"괜히 가축들 사료만 줄어드는 거 아닐지 몰라?"

"버리는 게 너무 많으니까 그런 거 아닐까? 우리 학교도 음식물 많이 남기면 벌금 낸다고 문구 붙여 놓을 정도니까."

그때 미정이가 가족과 외국에 놀러 갔을 때의 이야기를 꺼냈다.

"엄마랑 해외 갔을 때 음식 많이 남아도 그냥 쓰레기통에 다 버렸던 기억이 난다. 지금 생각해도 정말 아깝다는 생각이…. 그거에 비하면 우리나라는 정말 아끼는 거지."

"그래도 어떻게 이런 생각을 하게 되었을까?"

"그러게 말이야. 사실 별거 아니라고 넘어가던 일인데…."

아이들이 웃으며 동의했다. 그리고 다른 아이들과 함께 이제는 잔반이 거의 없는 식판을 정리하며 급식실을 떠났다.

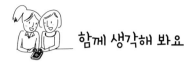
함께 생각해 봐요

1. 나는 실생활 속에서 환경 문제에 대해 생각해 본 적이 있나요? 어떤 문제에 대해 생각해 보았나요?

2. 잔반 처리 문제에 대해 들어본 적이 있나요? 음식물 쓰레기 문제를 생각해 본 적이 있나요? 음식물이 버려질 때마다 어떤 생각이 들었나요?

3. 나는 배식을 받을 때 어느 정도의 양을 받나요? 받아 온 음식은 모두 먹나요, 아니면 자주 음식을 남기나요? 남긴다면 평균적으로 어느 정도 남기나요? 음식을 남기고 버리는 것은 윤리 문제와 관련 있을까요? 왜 그렇게 생각하나요?

4. 지구촌 어느 나라에서는 음식이 없어 굶주리는 사람들도 있다고 합니다. 얼마나 많은 사람이 어떠한 어려움을 겪고 있는지 알고 있나요? 우리가 남긴 음식을 버리는 것과 기아로 고통받는 사람들의 문제를 서로 연결해 생각할 수 있을까요? 왜 그러한가요?

5. 실생활에서 환경 문제 해결을 돕는 데 있어, 이 에피소드와 같이 언

뜻 보기에 간단한 아이디어로 큰 환경적 혜택을 받는 경우도 많습니다. 비슷한 사례들에 대해 생각해 봅시다. 그리고 이러한 아이디어에서 오는 창의력은 어떤 마음에서 오는 것일까요? 이는 도덕적 상상력이나 사고와 연결될 수 있나요? 도덕적 창의력은 인성과 인격뿐만 아니라 자기계발과 발전에 어떤 도움을 줄 수 있을까요?

6. 이러한 아이디어가 사회 구성원 전체에 미치는 영향을 생각해 볼 때 개인의 도덕적 노력 외에 구성원으로서의, 제도로서의 도덕적 창의력과 의지는 왜 맞물려야 하는지 논의해 봅시다.

본 에피소드는 『학교생활 나라면 어떻게 할까?』 에피소드 9 「내 돈 주고 산 것도 아닌데 뭐!」와 스토리상 연결해 볼 수 있습니다.

이번 에피소드는 사회 윤리 문제 중에서 환경 문제에 관한 이야기 입니다. 특히 음식물 쓰레기에 대해 생각해 보게 합니다.

풍요로운 사회 환경 안에서 자란 아이들은 음식의 소중함을 잊는 경우가 많습니다. 심지어 급식을 배식받거나 뷔페 혹은 식당에서 별생각 없이 많은 양의 음식을 가져온 후 먹지 않고 남겨 버리기도 합니다. 그러나 우리 사회에는 필요한 만큼 충분히 음식을 공급받지 못하는 사람들이 분명 존재합니다. 이런 사람들을 고려할 때 생각 없이 음식물 쓰레기를 생산하는 것은 분명 윤리적 문제라고 할 수 있습니다.

환경 문제 해결을 위해서는 개인의 노력과 함께 사회 시스템의 변화도 중요합니다. 음식 낭비의 문제를 해결하기 위한 제안된 식판의 변화는 개인의 행동을 자제하고 불필요한 음식 낭비를 줄이는 효과를 얻게 하였습니다. 그리고 이러한 해결책은 단순히 창의적인 아이디어의 차원을 넘어 도덕적, 윤리적인 해결안이 됩니다.

우리가 환경 보호에 기여하는 방법을 고민하여 대안을 제시하는 것은 도덕적이고 윤리적인 활동이며 창의적인 사고의 범위에 해당합니다. 이것은 과학과 환경 그리고 기타 창작의 영역에서도 도덕과 윤리가 필요한 이유를 잘 대변하고 있습니다.

앞에서 살펴본 고 현신규 박사의 연구와 업적과 관련하여, 아이들에게 윤리적인 사고방식이 우리나라와 해당 세대뿐만 아니라 다른 나라와 미래 세대에 어떤 이득이나 번영을 가져오게 되는지 생각하도록 질문해 보기를 바랍니다.

エピソード 27

제 독후감이 삭제된 건 어떻게 해요?

학교 폭력의 범위와 사회 정의

영서는 주앙이의 해킹으로 인해 고생해서 쓴 독후감이 날아가 버렸음에도 해 볼 수 있는 일이 없다는 속상함에 눈물이 터질 것 같았다. 하지만 누가 볼지도 모른다는 생각에 마음을 억누르며 고개를 숙이고 집으로 돌아왔다.

현관문을 열자 엄마가 영서를 맞이했다.

"어서 와, 영서야. 학교는 어땠니?"

"…"

말없이 방에 들어가는 영서를 보고 엄마는 무슨 일이 있는지 걱정된 듯했다. 영서의 방에 뒤따라 들어가 보자 영서가 책상에 얼굴을 묻고 울고 있었다. 엄마가 영서에게 무슨 일이냐고 연거푸 물었지만, 영서는 답하지 않았다.

어차피 선생님도 가해자인 주앙이를 감싸고, 더 이상 어쩔 수 없다고 손을 놓은 상태이기 때문에 할 수 있는 일이 없다고 생각했다. 오히려 이걸 항의한다면 자신의 꼴이 더 우스워지지 않을까 염려도 되었다.

하지만 엄마가 끝까지 계속 사정을 물어보았기에 하는 수 없이 울면서 학교에서 있었던 일을 이야기했다. 그러면서 우리가 할 수 있는 일이 없다는 말을 덧붙였다.

이야기를 다 들은 엄마는 담임 선생님에게 전화를 걸어 보겠다고 했다. 영서는 화가 난 말투로 엄마에게 말했다.

"소용없다니까? 내가 말했잖아, 어떤 상태인지…. 괜히 전화해서 담임 선생님한테 미움받으면 생기부 불이익받는단 말이야."

"얘는! 이건 그냥 넘어갈 일이 아냐. 아무튼 걱정 마. 엄마가 잘 말할 테니까."

영서는 방을 나가는 엄마를 거듭 말렸다. 학교생활에 대한 권한이 선생님에게 많이 있기 때문에 선생님의 심기를 건드리면 안 된다고 생각했다. 그러나 엄마는 영서가 신경질 내는 것을 별로 상관하지 않고 전화를 걸었고, 그런 엄마를 보며 영서는 속상한 마음에 앉아서 울기만 했다.

다음 날 아침이었다. 엄마에게 일만 크게 만들었다며 신경질을 냈던 영서였지만 정작 학교생활은 평소와 같았다. 하지만 영서는 혹시 자신에게 불이익이 오지 않을까 걱정되는 마음을 계속 억누르고 있었다.

선생님으로부터의 호출은 학교에서의 일과가 끝날 때쯤이었다. 영서가 교무실에 들어가자 이미 주앙이가 담임 선생님과 함께 있었고, 담임 선생님은 누군가와 통화를 하고 있었다.

"네, 어머님. 애들이 서로 오해가 있었나 보죠. 아, 저한테 미안하실 거 없으세요. 제 일인데요. 애들끼리 문제인 것 같으니 제가 잘 말해 보겠습니다."

통화가 끝나자 비로소 선생님은 영서를 바라보았다.

"지금 알아보니까 주앙이는 토론 대회에서 네가 팀원을 빼앗으려고 해서 화가 나 그랬다는구나."

영서가 이 말에 화들짝 놀라며 말했다.

"선생님, 무슨 말씀이세요? 저랑 같은 팀 하겠다는 애를 빼앗아 간 애는 주앙이에요."

그러자 주앙이는 영서의 말이 끝나기도 전에 자르고 자기 입장만 늘어 놓기 시작했다.

"아니에요, 선생님. 아무래도 영서가 잘못 알고 있는 것 같습니다. 제가 그때 민지에게 말했고, 민지가 결정한 일이었습니다. 오히려 영서가 민지를 왜 데려가냐고 따졌어요."

영서가 그게 아니라고 말을 하려 했지만 주앙이는 계속 자기 말만 하며 영서를 막아서고 있었다. 그러자 영서가 선생님에게 크게 말했다.

"선생님, 그럼 제 독후감이 삭제된 일은 어떻게 된 건가요?"

이 말조차도 주앙이가 가로채며 자기변명을 하기 시작했다.

"선생님, 제가 그래서 선생님께 죄송하다고 말씀드렸습니다. 영서의 저런 행동 때문에 화가 나서 그랬다고 죄송하다고 했는데, 영서가 계속 저러고 있어서 저도 곤란합니다."

주앙이는 계속 영서의 말을 막고 자기변명을 했다. 선생님은 주앙이를 제지하기보다는 오히려 영서에게 기다리라고 하며 그 변명을 들어주는 데 급급한 모습이었다. 주앙이의 계속된 변명을 들은 후 선생님은 그만 결론을 내고 싶어 하는 듯했다.

"선생님이 생각하기에는 아무래도 너희들이 오해가 있어서 그런 것 같으니 선생님 앞에서 화해하렴."

"네, 선생님. 다시는 이런 일 없도록 하겠습니다."

주앙이는 선생님에게는 공손히 말하더니, 영서를 보면서는 기분 나쁜 웃음을 지었다.

주앙이가 갑자기 영서에게 보라는 듯 그 앞에서 손가락으로 걸어가는 흉내를 내면서 말했다.

"나는 내 갈 길 가고, 내 인생을 살 테니까…."

그러더니 이번에는 걸어가는 흉내를 내던 손가락을 마치 절벽에서 떨어지듯이 묘사하며 이어서 말했다.

"니 인생 어찌되든 내 알 바 아니고 너도 네 갈 길 가길 바라."

영서는 너무 기가 막혀서 뭐라고 말해야 할지 몰랐다. 이게 가능한 일인가 하는 생각도 들었다. 그럼에도 선생님은 도대체 왜 주앙이의 말만 듣는지 이해할 수 없었다.

"그래. 그럼 그 정도하고, 이제 화해하도록 해라."

"…."

"…."

"앞으로는 사이좋게 지내렴. 이제 가도 좋단다."

선생님의 가도 된다는 말에 영서와 주앙이는 교무실을 나갔다. 하지만 주앙이는 문이 닫히자마자 "우씨!" 하며 앞으로 빠르게 걸어갔고, 영서의 기분은 더 착잡해졌을 뿐이었다.

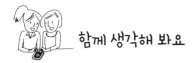

본 에피소드는 『학교생활 나라면 어떻게 할까?』 에피소드 22 「용서는 피해자가 하는 거 아닌가요?」와 연결됩니다.

1. 교무실에서 주앙이의 말만 받아들이는 선생님의 모습에 영서는 어떤 기분이었을까요? 영서가 억울하고 화가 난 이유는 무엇인가요?

2. 주앙이의 말과 행동은 화해라고 할 수 있을까요? 주앙이의 태도는 진정으로 사과하는 태도라고 볼 수 있나요? 왜 그렇게 생각하나요? 내가 선생님이라면 주앙이에게 어떻게 말하거나 행동하도록 요청할까요? 선생님이 잘못한 일은 무엇일까요?

3. 내가 영서였다면 교무실에서 선생님께 어떻게 말하고 싶은가요? 왜 그렇게 말하고 싶은가요?

4. 내가 영서라면 빈정대는 주앙이에게 어떻게 하고 싶은가요? 그 이유는 무엇인가요? 주앙이의 말과 행동에 따른 영서의 마음은 어떨까요?

5. 선생님 앞에서 주앙이는 왜 그렇게 당당한 걸까요? 어떤 이유라고 생각하나요?

6. 선생님은 어떻게 행동하고 대처해야 했나요? 선생님의 입장에서 생각해 봅시다.

7. 나는 주앙이와 같은 아이들을 목격하거나 그러한 이야기를 들어 본 적이 있나요? 어떤 상황이었나요? 그러한 아이들의 행동을 고치기 위해 필요한 것은 무엇이라고 생각하나요? 왜 그러한 것이 요구될까요?

8. 이 문제를 과연 영서와 주앙이 두 사람의 문제일 뿐이라고 생각할 수 있을까요?

9. 정당한 주장임에도 영서가 불이익을 받을까 두려움을 느낀 이유는 무엇일까요? 영서는 타협해야 할까요, 아닐까요? 왜 그렇게 생각하나요?

10. 주앙이의 변명을 그대로 받아들인다고 해도 주앙이가 해킹으로 저지른 일들에 대해 합당한 이유가 될까요? 된다면, 혹은 되지 않는다면 그 이유가 무엇일까요?

함께 읽는 어른들에게

학교 폭력의 유형은 매우 다양합니다. 학교 폭력은 개인의 문제, 학교의 문제를 넘어 사회 문제이기도 합니다. 따라서 학교 폭력의 해결은 사회 윤리적인 차원에서도 매우 중요합니다.

본 에피소드는 윤리의 실천성과도 연결하여 생각해 볼 주제입니다. 아이들이 현실과 동떨어진 도덕이나 윤리적인 문구들, 그리고 실천하지 않는 도덕은 과연 선한 것일지 고민해 보도록 돕기를 바랍니다.

나아가 우리나라 법정에서 벌어지는 재판에 이 사례를 적용할 경우 어떠한 의견이나 결론을 도출할 수 있을지도 토의해 볼 수 있습니다.

사회 정의는 거창하게 이루어지기보다 상대적으로 작은 사회 단위인 아이들의 학교 폭력 문제의 해결로부터 시작될 수 있습니다.

너 친구가 없니?

형태가 없는 폭력에 대한 대처

엄마의 전화 덕분에 선생님에게 한 번 더 말할 기회가 주어지긴 했지만, 이것을 영서에게 발언할 기회가 주어졌다고 볼 수 있을지는 여전히 의문이었다.

'잘한 일일까? 주앙이가 변명할 기회만 있었을 뿐이었는데….'

특히 선생님은 주앙이 엄마와의 통화 후 중립을 취하는 모습을 보이려는 듯했다. 하지만 영서는 명백한 잘못에 대해서도 중립을 취한다는 명분을 들어, 마치 사소한 오해 정도로 무시하려는 선생님의 태도에도 화가 났다. 그렇지만 밉보일까 봐 참을 수밖에 없었다.

다음 날도 학교는 별다른 변화가 없어 보였다. 담임 선생님의 수업 시간도 평소와 똑같이 흘러가는 듯했다. 하지만 그것은 영서의 착각이 었을 뿐이었다.

쉬는 시간이 되어 화장실에 막 들어가려던 영서는 자기의 뒷말을 하는 걸 들었다.

"민지야. 주앙이가 그러는데, 어제 영서가 민지 너랑 같은 팀 하기로 약속했는데 주앙이네 팀으로 갔다고 시비 걸었다더라."

"그래? 선생님도 있었는데?"

"그러게 말이야."

"채림이 말로는 영서 개 엄청 잘난 척하면서 다른 사람들 무시한다던데? 좋은 거 있으면 다 자기가 했다고 말하고…."

"맞아. 우리들끼리 있는 단톡방에서 주앙이랑 채림이한테 들었는데, 소미랑 친하게 지내는 것도 봉사 점수 따서 생기부랑 자소서에 어떻게든 써먹어 보려고 그런 거래."

영서는 자기에 대해 뒷말을 하는 애들의 얼굴을 의도적으로 뚫어지게 보았다. 밀리는 모습을 보이면 이런 험담들이 더 심해질지도 모른다는 생각이 들었기 때문이었다.

영서가 자기들을 보는 것을 눈치채자 민지 주변에 모여 있던 아이들이 고개를 돌리며 자리를 피했다. 영서는 그 자리에 남은 민지에게 다가가 말했다.

"민지야, 어제 애들이 말한 그런 일은 없었어."

하지만 민지는 애매한 모습을 보였다.

"어차피 각자의 입장에서 말하는 거니까 나도 딱히 누구 말을 믿는 건 아냐."

"아무튼 나는 어제 민지 너한테 시비 건 적 없었어. 그건 주앙이가 변명하면서 멋대로 떠든 이야기에 불과하니까."

하지만 민지는 살짝 멈칫하더니 대답을 하는 둥 마는 둥 자리를 떠났다.

영서는 화장실을 나와 교실로 돌아오는 도중에 주앙이, 채림이와 마주쳤다. 모르는 척하며 지나가려고 했지만, 곁을 지나는 순간 주앙이가 영서를 노려보며 중얼거렸다. 그러자 영서가 주앙이에게 말했다.

"뭐라고?"

그러자 채림이가 "뭐래?"라며 비웃듯이 말했다. 주앙이도 피식 비웃으며 복도를 걸어갔다. 영서는 분하다는 생각에 화도 났지만, 철저히 자기만 모르는 일들이 벌어지고 있기에 무력감을 느낄 수밖에 없었다. 영서가 없는 단체 깨톡에서 어떤 말들을 떠들고 다니는지 알 수 없기 때문이었다.

점심시간도 마찬가지였다. 미정이가 곁에 있어 주기는 했지만, 미정이도 친한 친구들과 어울려 있느라 전적으로 영서를 지지해 줄 사람은 없어 보였다. 그래도 미정이는 영서에게 간단하게나마 학급 분위기를 알려 주었다.

"영서야. 주앙이랑 채림이 애네들이 또 뭔 짓 하나 보더라."

"뭔데?"

"나도 잘은 모르는데, 네가 선생님 앞에서 애들 비방하고 다녔다는 식으로 떠들던데? 그래서 가까이 지내지 말라고 그러나 봐."

"그래? 누가 그랬는지 나한테 말해 줄 수 있어?"

"미안…. 그러면 나나 걔나 모두 곤란해지니까."

누군가에게 도와 달라기에는 사실 곤란한 문제가 맞았다. 하지만 영서가 교실 단상에서 그런 일은 없었고 이 모든 일이 주앙이와 채림이가 멋대로 한 짓이라고 공개적으로 말할 수도 없다고 생각했다. 미정이는 개의치 말고 모르는 척하며 지내라고 했지만, 그게 쉬운 일은 아니었다.

체육 시간이 되자 모둠 수업이 진행되었다. 이렇게 모둠을 강조하는 수업의 경우 영서나 짝을 찾기 힘든 아이들에게는 사실상 정신적 고문이었다.

"자, 이제 세 사람씩 마음에 드는 친구끼리 짝을 지으세요. 남자는 남자끼리, 여자는 여자끼리."

영서는 순간 스트레스가 밀려왔다. 항상 저렇게 마음에 드는 친구들과 짝을 지으라고 말하는데, 말하는 사람은 쉬울지 몰라도 당하는 학생의 입장에서는 쉬운 일이 아니었다. 여자아이들이 모두 자기들끼리만 짝을 지어 버리고 영서는 혼자 남았다. 소미가 있었으면 좀 나았겠지만, 소미는 체육 시간에 참가하지 않았다.

영서는 선생님에게 짝을 못 구했다고 말했다.

"너 친구가 없니? 그러면 저기 저 모둠에 들어가렴."

대수롭지 않게 말하는 선생님의 말에 영서는 잔뜩 속이 상했다. 선생님이 말한 모둠은 남학생 둘만 있는 모둠이라 한 사람이 부족한 상황이었다.

남자아이들은 별다른 허물없이 영서와 모둠 활동을 했다. 하지만 남자 둘에 여자 한 명이란 구성으로 인해 영서는 너무 튀어 보인다고 생각했다. 또 멀리서 영서를 보며 낄낄대는 주앙이와 채림이의 모습이 영서를 더욱 곤란하게 했다.

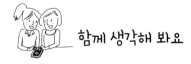

1. 주앙이와 채림이가 사실이 아닌 이야기를 퍼트린 걸 들었을 때 영서는 어떤 기분이었을까요?

2. 민지는 영서에게 왜 중립을 지키고 싶다고 이야기했을까요? 이러한 말은 들었을 때 영서는 어떤 심정이었을까요?

3. 나는 영서와 같이 잘못된 언행을 보이는 친구로 인해 고통받은 경험이 있나요? 있다면 어떠한 경우였으며, 그때 어떤 마음이었나요?

4. 친한 친구들끼리 모둠을 형성하라고 한 선생님의 말에 영서는 어떤 마음이었나요? 만약 내가 영서라면 어떤 기분이었을까요? 만약 내가 선생님이었다면 어떻게 모둠을 구성하도록 했을까요? 그 이유는 무엇인가요?

5. 선생님에게 부족했던 점은 무엇이었을까요? 선생님의 시각에서 볼 때는 무엇이 부족했을까요? 그리고 그로 인해 학생들이 상처받을 수 있는 상황에는 어떤 것들이 있을까요? 서로의 경험과 생각을 나누며 논의해 봅시다.

6. 도덕적 윤리적 관점에서 학교 폭력의 가해자, 피해자 그리고 학부모와 선생님들의 시선의 차이와 함께 그들이 각각 가져야 할 의무와 책임이 무엇일지 이야기해 봅시다.

7. 따돌림과 나쁜 소문 퍼트리기는 엄연한 학교 폭력입니다. 학교 폭력은 단순히 개인과 개인의 문제를 넘어 사회적 문제가 됩니다. 학교 폭력이 사회 문제인 이유를 이야기해 봅시다.

함께 읽는 어른들에게

본 에피소드는 학교 폭력을 사회 문제로 인식할 수 있도록 돕기 위한 이야기입니다. 흔히 물리적인 폭력만을 폭력으로 치부하는 경향이 있지만, 학교나 사회 안에서 일어나는 폭력의 대부분은 비유형적 폭력이기도 합니다.

이렇게 형태가 없는 폭력은 사회생활을 할 때도 빈번하게 일어납니다. 직장 내 괴롭힘은 이미 사회적인 문제로 미디어를 통해서도 많이 소개되고 있습니다. 아이들이 상대방에 대한 존중이 결여된 사람에 의해 고통받지 않도록, 그리고 만에 하나 그런 가해자로 자라지 않도록 가정, 학교, 사회의 노력이 절실합니다.

이런 비유형적 폭력에 대한 올바른 대처의 첫 단계는 가해자와 피해자 모두의 이야기를 통해 사실을 확인하고 옳고 그름에 대한 분명한 기준을 제시하는 것입니다. 사회 전체가 가해자의 잘못된 행동에 확실하게 대처하고 피해자의 아픔에 민감하게 반응하는 것이 정의로운 사회의 기초임을 아이들도 깨닫도록 해야 합니다.

제가 분명히 봤어요, 선생님

윤리적 연대와 나쁜 연대

"별것도 아닌 게!"

채림이가 고함치는 소리에 아이들은 모두 교실 뒤편을 바라보았다. 그리고 아이들은 채림이가 소미의 사물함 문을 세게 닫으며 소미의 목발을 치고 지나가는 모습도 그저 바라보았다.

사실 아이들 대부분은 주앙이와 채림이가 요즘 미워하며 욕하는 아이들이 누구인지 다 알고 있다. 정작 당사자들은 모르더라도 말이다.

채림이가 고개를 돌려 반 아이들을 바라보자 아이들은 시선을 피하며 모두 고개 돌려 외면했다. 그리고 다들 아무 일 없었던 것처럼 자기가 하던 일을 계속했다.

학교가 끝나고 삼삼오오 모여 집으로 향할 때가 되어서야 비로소 아이들은 이 이야기를 꺼내기 시작했다.

"그런데 이거 선생님한테 말씀드려야 하는 거 아냐?"

"괜히 그러다가 채림이하고 주앙이한테 찍히면 어쩌려고?"

"맞아, 긁어 부스럼이야."

민배와 경만이도 앞에 가던 애들이 하는 말을 듣고 있었다. 사실 틀린 말은 아니었다. 앞서 걷던 아이들이 계속 말을 이었다.

"그런데 엄마가 그랬단 말이야. 따돌림 있을 때 그냥 거기 같이 있다는 것만으로도 협조한 게 돼서 나중에 불이익당한다고…."

"그냥 가만히 있는 게 나아. 딱히 폭력을 휘둘러서 다친 것도 아니고, 나대다가 걔들을 적으로 만들 필요는 없잖아."

미묘한 두려움이 교차하는 가운데 앞서 걷던 아이들이 다른 길로 들어갔다. 그리고 민배, 경만이, 한섭이, 일호는 횡단보도를 건너고 있었다.

"일호 너도 조심해."

"아, 왜 또 나 가지고 그래?"

민배가 일호를 놀리기 시작했다. 그러자 경만이가 여기에 가세했다.

"맞아. 일호 너 아무래도 경재하고 한준이한테 찍히지 않았을까?"

"걱정 마. 그냥 무시하고 살면 돼. 노려보면 같이 노려보고, 욕하면 같이 욕하지, 뭐."

그러자 한섭이가 엄지를 척 들어 올리며 말했다.

"오, 브로. 멋진데!"

"하하! 그래, 맞아! 걔들이 너한테 그러면 우리도 응원해 주지. 물론 아무것도 안 하고 응원만 말이야."

민배와 경만이의 웃음 섞인 응원에 일호도 웃으며 답했다.

"하여간 이 치사한 인간들 정말."

그 후 며칠 동안 채림이와 주앙이가 자기들끼리만 무언가 속닥거리다가 영서나 소미가 지나갈 때 무시하거나 갑자기 자리를 피하는 모습이 계속 목격되었다. 그리고 소미의 작품이 학교 대표가 되자 그 아이들의 반응은 더욱더 노골적이고 신경질적으로 변했다.

어느 날, 미술 수업을 끝으로 다들 집에 갈 준비를 하거나 청소할 준비를 하고 있었다. 그런데 사물함 쪽에서 갑자기 큰 소리가 났고, 아이들은 손을 멈추고 그쪽을 바라보았다. 소미와 주앙이가 사물함 손잡이를 잡고 옥신각신하고 있었다.

"이게 정말!"

주앙이가 크게 소리치며 자기 손에 있던 쓰레받기를 소미에게 휘둘렀다. 깜짝 놀란 소미가 소리를 지르며 목발을 휘둘렀고, 쓰레받기는 목발에 튕기며 주앙이의 팔을 쳤다. 쓰레받기가 깨졌지만 주앙이는 계속 소미를 향해 그것을 휘둘렀고, 소미도 거기에 수차례 긁혀 팔에서 피가 나왔다. 그러자 회장이 이를 보고 말리기 시작했고, 누가 불렀는지 선생님도 교실로 들어왔다.

"너희들! 이게 뭐하는 짓이니!!"

순간 교실이 정적에 사로잡혔다. 누군가 싸운다는 소식을 듣고 구경하던 다른 반 아이들도 선생님이 나타나자 서둘러 흩어지기 시작했다. 소미와 주앙이는 그 자리에 그대로 서 있었다. 주앙이가 소미를 손가락으로 가리키며 말했다.

"제가 청소 좀 하고 가면 어떻겠냐고 했더니 신경질 내면서 목발을 휘둘렀어요."

소미는 숨을 헐떡거리느라 바로 답을 못 하고 있었다. 아니, 말을 하고는 있는데 무슨 말인지 알아듣기 힘들었다. 숨을 잠시 고르고서야 소미는 자기 이야기를 할 수 있었다.

"주앙이가 먼저 시비를 걸고 쓰레받기로 공격했어요, 선생님."

"아니에요. 오히려 저한테 먼저 시비 걸며 공격했어요. 그래서 저는 팔도 다쳤어요."

주앙이는 소미의 말을 끊으며 자기의 팔이 소미의 목발로 인해 다쳤음을 호소하듯 아픈 기색을 하며 다른 손으로 상처를 감싸 안았다.

선생님이 뒤에 선 반 아이들을 돌아보며 물었다.

"누가 먼저 했는지 본 사람 있니?"

이 말에 주앙이뿐만 아니라 채림이도 뒤에 서 있던 아이들을 싸늘하게 노려보기 시작했다. 아이들은 시선을 피했다.

"몰라요."

"못 봤어요."

선생님이 다시 고개를 돌려 소미와 주앙이를 보려고 했다. 그때 누군가가 말했다.

"제가 분명히 봤어요, 선생님."

모두가 민배를 바라보았다.

"주앙이가 소미에게 청소하고 가라고 하면서 소리를 지르고 시비를 걸다가 쓰레받기로 때리려고 했어요."

그러자 선생님이 다시 물었다.

"주앙이 말은 그렇지 않은데? 팔도 다쳤다고 하고."

"아니에요. 저랑 다른 애들도 다 봤어요. 먼저 시비 걸고 쓰레받기를 휘둘러서 소미가 막다가 다친 거예요."

그러자 민배 주변에 있던 경만이와 한섭이도 맞장구를 쳐 주었다.

"선생님, 저희가 처음부터 다 봤어요. 민배 말이 맞아요."

주앙이와 채림이가 분노한 얼굴로 민배를 쏘아보았다. 한준이와 경재는 "고자질이나 하는 짜증 나는 놈들."이라며 중얼거리고 있었다. 그 말을 들은 경만이와 한섭이가 콧방귀를 뀌었다.

선생님은 곤란한 표정을 지으며 소미와 주앙이 그리고 민배와 경만이를 데리고 교무실로 향했다.

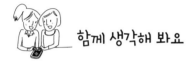

본 에피소드는 『학교생활 나라면 어떻게 할까?』 에피소드 20 「네가 뭔데!」, 23 「나는 착하거든!」과 연결됩니다.

1. 주앙이가 쓰레받기로 소미를 공격했을 때 소미는 어떤 기분이었을까요? 내가 만약 소미였다면 어땠을까요?

2. 아이들은 처음에 목격한 소미와 주앙이의 다툼에 대해 왜 말하지 않았을까요? 나서지 않은 아이들의 마음은 어떠했나요? 왜 그렇다고 생각하나요?

3. 자신이 목격한 바를 정직하게 이야기한 민배는 어떤 마음이었을까요? 이것을 본 친구들의 기분은 어떠했을까요?

4. 내가 만약 민배였다면 선생님에게 정직하게 본 대로 이야기할 수 있을까요? 왜 그렇다고 생각하나요?

5. 아무도 증언하지 않았다면 사건이 어떻게 흘러갔을 것이라고 생각하나요? 만약 서로 간의 잘못으로 보거나, 혹은 오히려 소미가 가해

자로 몰린다면 반 학생들과 선생님은 어떤 책임과 도덕적 · 윤리적 문제를 가지게 될까요?

6. 내가 민배처럼 행동했을 때 고자질을 했다거나 혹은 다른 이유로 비난당하고 공격당한다면 어떻게 해야 할까요? 이 경우 나의 행동은 어떻게 평가될까요? 또한 스스로를 보호하기 위해 어떻게 해야 할까요?

함께 읽는 어른들에게

우리는 사회 속에서 살고 있습니다. 우리가 사는 사회를 정의롭고 살기 좋은 사회로 만드는 것은 바로 우리 자신입니다. 본 에피소드는 학교라는 사회 안에서 벌어진 일이지만 우리 사회에서도 빈번히 발생하는 사례입니다.

소미와 주앙이의 싸움을 두고 아이들은 처음에는 방관자의 입장에서 목격한 바를 말할 것인지 말지 고민했을 것입니다. 그러나 다수가 폭력적인 아이들의 희생양으로 찍히는 것이 두려워 사실을 이야기하지 못합니다. 그러나 이러한 두려움을 극복하고 민배가 선뜻 나서자 그와 친분이 있던 친구들도 용기를 내게 됩니다.

학교생활과 사회생활 모두에서 어떤 사건이 발생하면 정의롭고 용기 있는 구성원이 되기를 요구받습니다. 모든 사람이 애써 옳은 일을 외면한다면 학교에서뿐만 아니라 사회에서도 부정의와 불의가 득세할 것입니다.

본 에피소드를 통해 아이들이 고자질과 양심적인 고발에 대해 구별하고 이 둘의 차이에 대해서 고민해 보도록 돕기 바랍니다. 이를 사회적 공익 제보, 자유, 시민성과 연결해 생각해 보도록 할 수도 있습니다. 또 자신의 사회를 지키기 위한 의무와 연결할 수도 있습니다.

사회 연대성을 생각해 보면, 만약 반 친구들이 주앙이와 채림이가 더 이상 다른 사람을 괴롭히지 못하도록 모두 힘을 합쳤다면 이 같은 결과들이 나오지 않았을 것입니다. 그러면 왜 반 아이들이 힘을 모아 불의한 아이들의 횡포를 막지 못했는지에 대해 이유를 생각해 보게 할 필요가 있습니다.

이 과정을 통해 아이들과 함께 왜 도덕적, 윤리적 연대가 필요한지, 사회에서 그 연대의 힘을 강화하고 올바른 길로 인도할 방법은 무엇인지 토론해 보기를 바랍니다. 사회 안에서 도덕적이지 못한 방관이나 나쁜 연대가 더 잘 형성되는 이유에 대해서 질문하는 것도 좋은 방법입니다.

이게 반성문이야?

진정한 반성과 올바른 사과 방법

이제 겨울이 다 되어 가는 거리에는 코끝 찡한 바람과 함께 밤새 떨어진 낙엽이 많이 쌓여 있었다. 한쪽에는 낙엽들을 모아 놓은 커다란 자루들도 보였다. 학교에 가는 아이들은 낙엽을 발로 툭툭 차기도 하고 서로 던지기도 하면서 장난을 쳤다.

바스락거리는 낙엽을 밟으며 걷던 영서는 저 앞에 걷는 소미의 모습을 발견했다. 그리고 얼른 달려가 인사하며 함께 걸어가기 시작했다. 영서는 소미의 눈치를 살짝 보다가 말을 꺼냈다.

"좀 그렇지만, 요즘 어때?"

"아빠가 학교에 찾아와서 항의하고 그랬지. 교장 선생님한테 면담 요청도 하고."

"그래서?"

"선생님이 알았다고 하면서 교장 선생님께 자기 선에서 처리하겠다고 말했다네."

"그래? 그래서 어떻게 하신대?"

"별거 없어. 같이 다툰 사안인데다가, 학폭위 가면 기록에도 남고 서로 안 좋으니까 둘이 그냥 반성문 쓰고 화해하래."

포기한 듯한 소미를 본 영서가 살짝 화가 난 표정으로 말했다.

"또?"

"또라니?"

"나도 주앙이 때문에 화난 일이 있었는데 맨날 화해하면서 친하게 지내라 하시더라."

"뭔가 기대했던 내가 바보 맞지?"

"글쎄? 그래도 안 하는 것보다는 낫지 않았을까?"

두 아이는 동시에 헛웃음을 지었다.

소미는 자기뿐만 아니라 영서도 비슷한 취급을 당하는 것을 알고 있었다. 뒤에서의 속삭임, 노려보는 시선이나 인사 외면, 그룹에 끼워주지 않기 등등 다양했다.

"그래도 증인이 있어서 다행이었지."

"응?"

"민배랑 경만이…."

"아…. 고맙지, 그 애들은. 나라면 모른 척했을지도 몰라."

소미의 말에 따르면 그 아이들이 옆에서 또박또박 자신들이 본 바를 말해 줘서 영서 때처럼 주앙이의 변명 위주의 상담은 아니었다고 했다. 만약 그 아이들이 없었다면 오히려 소미가 가해자가 되었을지도 몰랐다. 하지만 부모님의 입김이 큰 탓인지 아니면 그냥 일이 커지는 것이 싫어서인지는 모르지만, 적당히 둘 모두의 잘못으로 처리된 듯했다.

영서가 다시 소미에게 물었다.

"그 정도로 끝나는 게 다행인 건가…?"

말끝이 흐려지는 영서였다. 어떻게 보면 사실이 덮이는 것이기 때문이었다. 하지만 소미는 병원의 엄마와 아빠, 동생을 돌보아야 하는 상황에서 더 큰 스트레스를 피하고 싶었다. 비록 나약하고 용기 없다는 말을 들을지언정….

체육 수업이나 점심시간 등 삼삼오오 모여 있을 때 주앙이와 채림이가 자기들끼리 소미나 영서를 보며 소곤거리는 일은 여전했다. 영서가 선생님에게 이 사실을 말했지만 들은 말이라고는 "너무 민감한 거 아니니?"라든가 "먼저 친구들에게 다가가 보렴." 같은 말뿐이었다. 계속 선생님에게 간청했지만, 종례 시간에 "친구들끼리 잘 지내렴."이라고 말한 것이 고작이었다.

영서가 운동장 스탠드를 지나갈 때 문득 채림이의 목소리가 들렸다.

"소미네는 엄마가 집을 나갈 정도로 엉망인 집이야."

"진짜?"

"옆 반 애들도 알 정도니까 진짜겠지?"

"주앙이도 그러더라고. 그래서 애가 상식이 없다고…."

채림이의 험담에 주변 애들도 서로 맞장구를 치고 있었다. 그러다가 다른 아이들이 영서가 주변에 있다고 하자 급히 대화를 멈추고 자리를 옮겼다.

영서도 저 이야기는 들은 적이 있었다. 하지만 본인에게 사실인지 물어볼 용기는 없었다. 그리고 뒤에서 자기한테보다 더 심한 말을 하고 있다고 생각했다.

운동장 한쪽 벤치에 앉은 소미를 발견한 영서는 스탠드의 다른 아이들을 신경 쓰지 않고 운동장을 가로질러 소미의 옆에 앉았다. 누군가 다가오자 소미가 고개를 돌려 확인하고는 가볍게 미소 지었다.

"점심은 먹었어?"

영서의 말에 소미가 고개를 끄덕였다. 그러더니 자기 스마트폰을 보여 주었다.

"이게 뭐야?"

"주앙이가 쓴 반성문."

"그래?"

영서는 소미의 스마트폰으로 주앙이의 반성문을 읽어 보았다.

반성문

x반 xx번 ○주앙

저는 그날 청소를 하기 전에 먼저 집에 가는 소미를 보고 함께 청소해 보는 것이 어떻겠냐고 물어보았습니다. 저는 함께 교실 청소를 하면 서로 친하게 지낼 수 있지 않을까 하는 좋은 생각이었습니다. 그러나 소미는 이 말에 화를 내며 저에게 왜 자기가 그래야 하냐고 따졌고, 저는 할 수 있으면 함께하면 좋겠다고 했습니다. 그러나 소미는 저에게 신경질을 내며 힘으로 저를 누르려고 했습니다. 특히 소미는 요즘 자기 동생 일로 저에게 계속 화를 내고 있었기에 저는 그런 소미를 이해하려고 노력했습니다. 하지만 소미가 화를 참지 못하고 목발로 저를 때리려고 해서 저는 스스로를 보호하기 위해 쓰레받기를 휘둘렀던 것입니다. 그러다 보니 저는 팔을 다치게 되었고, 그럴 뜻은 없었지만 소미의 팔에도 상처가 났던 것입니다. 이는 어디까지나 소미의 오해 때문이고 저만 잘못한 것이 아니며, 민배와 경만이는 저와 사이가 좋지 않기 때문에 저에게 불리하게 말한 것이 아닐까 생각합니다. 물론 저의 잘못도 아주 없지는 않지만 이렇게 억울한 부분이 있습니다. 이번 일로 인해 선생님께 걱정을 끼쳐 드린 것에 대해 죄송하게 생각합니다.

반성문을 다 읽은 영서는 어이없는 표정으로 소미를 바라보았다.

"도대체 뭐라는 거야? 선생님은 이걸 반성문이라고 생각하신대?"

"그냥 웃고 마는 거지, 뭐."

오늘 학교에서 소미가 유독 힘이 없어 보이는 이유는 이 반성문 때문인 듯했다. 영서는 달리 위로할 말을 찾지 못했다.

두 아이는 차가운 바람 속에서 아직도 쉴 없이 떨어지는 낙엽들을 바라보며, 그나마 따스한 햇볕에 몸을 맡기고 있었다.

함께 생각해 봐요

1. 소미의 엄마에 대한 거짓말로 험담하는 채림이의 목소리를 들은 영서의 기분은 어떠했을까요? 만약 소미가 이 이야기를 직접 들었다면 소미의 심정은 어떠했을까요? 왜 그렇다고 생각하나요?

2. 사실 확인 없이, 혹은 사실이더라도 친구에게 상처를 줄 수 있는 말을 망설임 없이 이야기하는 사람들을 경험한 적이 있나요? 그들을 대할 때 어떤 기분이 드나요? 그들의 옳지 않은 언행을 멈추게 하는 가장 좋은 방법은 무엇일까요? 왜 그렇게 생각하나요?

3. 주앙이의 반성문을 읽은 영서와 소미는 어떤 심정일까요? 왜 그렇다고 생각하나요? 나는 주앙이의 반성문을 읽은 후 어떤 기분이 드나요? 만약 내가 주앙이를 알고 있다면 무슨 이야기를 해 주고 싶은가요? 그 이유는 무엇인가요?

4. 선생님은 이런 반성문에 대해 어떤 자세를 취하고 조치해야 했을까요? 피해자에 대한 사과의 진정한 의미와 함께 도덕적·윤리적 측면에서 선생님과 주앙이에 대해 이야기해 봅시다.

5. 어떠한 범죄가 일어났을 때 가해자의 인권 보호를 위해 가해자 본인의 신원을 비공개하는 일에 대해 어떻게 생각하나요? 이는 어떤 문제를 불러올 수 있을까요? 만약 이들의 신원을 공개한다면 어떨까요? 이런 문제에 대한 도덕적인 생각은 무엇인가요?

6. 잘못에 대한 진정한 반성은 어디에서 나오는 것일까요? 왜 그렇게 생각하나요?

7. 주앙이의 반성문에서 어느 부분이 문제인지 찾아보고, 이로 인해 어떠한 도덕적·윤리적 문제가 발생하는지 논의해 봅시다. 또한 이를 통해서 보는 주앙이의 인성적·인격적 문제는 무엇일지 생각해 봅시다.

본 에피소드는 법적 정의를 생각해 볼 수 있는 소재입니다.

우리나라는 범죄가 발생했을 때 가해자들이 감형減刑을 위해 경찰 조사 때부터 재판까지 여러 차례 반성문을 내는 일이 흔합니다. 그런데 문제는 이렇게 제출된 반성문에 진정성이 없는 경우가 비일비재하다는 것입니다.

아이들과 함께 범죄자들이 감형을 위해 제출하는 반성문의 문제점과 양형(형벌의 양을 정하는 일)에 대해 생각해 보시기 바랍니다. 또한, 피해자가 납득하지 않는 반성문이 의미가 있는지, 만약 의미가 없다면 이를 바로잡기 위해 사회 제도적으로 어떻게 하는 것이 올바른 것이지 대화해 보기를 바랍니다.

심화 학습으로써 피해자가 참석하지 않은 형사재판의 경우 피해자의 입장이 고려되지 않는 이유와 함께 그로 인한 문제점 등을 논의해 볼 수 있을 것입니다. 특히 법으로 제정되어 있지는 않지만, 피해자를 고려하지 않은 점에 대해 어떻게 도덕적 · 윤리적으로 비판할 수 있을지도 생각해 봅시다.

사회생활 나라면 어떻게 할까?

초등인성수업3

2022년 7월 1일 1판 1쇄 펴냄

지은이 | 박형빈
펴낸이 | 김철종

펴낸곳 | (주)한언
출판등록 | 1983년 9월 30일 제1-128호
주소 | 서울시 종로구 삼일대로 453(경운동) 2층
전화번호 | 02)701-6911 팩스번호 | 02)701-4449
전자우편 | haneon@haneon.com
ISBN 978-89-5596-931-3 (03370)

만든 사람들
기획 · 총괄 | 손성문
편집 | 김세민
디자인 | 박주란

한언의 사명선언문

Since 3rd day of January, 1998

Our Mission — 우리는 새로운 지식을 창출, 전파하여 전 인류가 이를 공유케 함으로써 인류 문화의 발전과 행복에 이바지한다.

— 우리는 끊임없이 학습하는 조직으로서 자신과 조직의 발전을 위해 쉼 없이 노력하며, 궁극적으로는 세계적 콘텐츠 그룹을 지향한다.

— 우리는 정신적·물질적으로 최고 수준의 복지를 실현하기 위해 노력하며, 명실공히 초일류 사원들의 집합체로서 부끄럼 없이 행동한다.

Our Vision — 한언은 콘텐츠 기업의 선도적 성공 모델이 된다.

저희 한언인들은 위와 같은 사명을 항상 가슴속에 간직하고
좋은 책을 만들기 위해 최선을 다하고 있습니다.
독자 여러분의 아낌없는 충고와 격려를 부탁드립니다.

• 한언 가족 •

HanEon's Mission statement

Our Mission — We create and broadcast new knowledge for the advancement and happiness of the whole human race.

— We do our best to improve ourselves and the organization, with the ultimate goal of striving to be the best content group in the world.

— We try to realize the highest quality of welfare system in both mental and physical ways and we behave in a manner that reflects our mission as proud members of HanEon Community.

Our Vision — HanEon will be the leading Success Model of the content group.